佛教十三经

四十二章经

赖永海 主编

尚 荣 译注

中华书局

图书在版编目(CIP)数据

四十二章经/尚荣译注. —北京:中华书局,2010.5
(2025.3重印)
(佛教十三经/赖永海主编)
ISBN 978-7-101-07374-4

Ⅰ.四… Ⅱ.尚… Ⅲ.①佛经②四十二章经-译文③四十二章经-注释 Ⅳ.B94

中国版本图书馆 CIP 数据核字(2010)第 061588 号

书　名	四十二章经
译注者	尚　荣
丛书名	佛教十三经
丛书主编	赖永海
责任编辑	刘胜利
装帧设计	毛　淳
责任印制	陈丽娜
出版发行	中华书局

(北京市丰台区太平桥西里 38 号 100073)

http://www.zhbc.com.cn

E-mail:zhbc@zhbc.com.cn

印　刷	三河市鑫金马印装有限公司
版　次	2010 年 5 月第 1 版
	2025 年 3 月第 24 次印刷
规　格	开本/880×1230 毫米　1/32
	印张 3¼　字数 45 千字
印　数	158001-166000 册
国际书号	ISBN 978-7-101-07374-4
定　价	10.00 元

总　序

　　佛教有三藏十二部经、八万四千法门，典籍浩瀚，博大精深，即便是专业研究者，用其一生的精力，恐也难阅尽所有经典。加之，佛典有经律论、大小乘之分，每部佛经又有节译、别译等多种版本，因此，大藏经中所收录的典籍，也不是每一部佛典、每一种译本都非读不可。因此之故，古人有"阅藏知津"一说，意谓阅读佛典，如同过河、走路，要先知道津梁渡口或方向路标，才能顺利抵达彼岸或避免走弯路；否则只好望河兴叹或事倍功半。《佛教十三经》编译的初衷类此。面对浩如烟海的佛教典籍，究竟哪些经典应该先读，哪些论著可后读？哪部佛典是必读，哪种译本可选读？哪些经论最能体现佛教的基本精神，哪些撰述是随机方便说？凡此等等，均不同程度影响着人们读经的效率与效果。为此，我们精心选择了对中国佛教影响最大、最能体现中国佛教基本精神的十三部佛经，认为举凡欲学佛或研究佛教者，均可从"十三经"入手，之后再循序渐进，对整个中国佛教作进一步深入的了解与研究。

　　"佛教十三经"的说法，由来有自。杨仁山、梅吉庆以及中国佛学院都曾选有"佛教十三经"，所选经典大同小异。上述三家都选录的经典有:《金刚经》、《维摩诘经》、《法华经》、《楞伽经》、《楞严经》;被两家选录的经典有:《心经》、《胜鬘经》、《观经》、《无量寿经》、《圆觉经》、《金光明经》、《梵网经》、《坛经》。此外,《四十二章经》、《佛遗教经》、《解深密经》、《八大人觉经》、《大乘密严经》、《地藏菩萨本愿经》、《菩萨十住行道品经》、《大毗卢遮那成佛神变加持经》为一家所选录。本着以上所说的"对中国佛教影响最大、最能体现中国佛教基本精神"的原则,这次我们选择了以下十三部经典:《心经》、《金刚经》、《无量寿经》、《圆觉经》、《梵网经》、《坛经》、《楞严经》、《解深密经》、《维摩诘经》、《楞伽经》、《金光明经》、《法华经》、《四十二章经》。

佛教发展至今已有两千多年的历史,就其历史发展、思想内容说,有大乘、小乘之分。《佛教十三经》所收录之经典,除了《四十二章经》外,多为大乘经典。此中之缘由,盖因佛法之东渐,虽是大小二乘兼传,但是,小乘佛教在传入中国之后,始终成不了气候,且自魏晋以降,更是日趋式微;直到十三世纪以后,才有南传上座部佛教在云南一带的流传,且范围十分有限。与此相反,大乘佛教自传入中土后,先依傍魏晋玄学,后融汇儒家的人性、心性学说而蔚为大宗,成为与儒道二教鼎足而三、对中国社会各个方面产生着巨大影响的一股重要的社会思潮。既然中国佛教的主体在大乘,《佛教十三经》所收录的佛经自然以大乘经典为主。

对于大乘佛教,通常人们又因其思想内容的差异把它分为空、有二宗。空宗的代表性经典是"般若经"。中国所见之般若类经典,以玄奘所译之《大般若经》为最,有六百卷之多。此外还有各类小本"般若经"的编译与流传,其中以《金刚经》与《心经》最具代表性与影响力。

"般若经"的核心思想是"空"。但佛教所说的"空",非一无所有之"空",而是以"缘起"说"空",亦即认为,世间的万事万物,都是条件("缘"即"条件")的产物,都会随着条件的变化而变化。条件具备了,它就产生了("缘起");条件不复存在了,它就消亡了("缘灭")。世间的一切事物,都不是一成不变的,而是一个念念不住的过程,因此都是没有自性的,无自性故"空"。《金刚经》和《心经》作为般若经的浓缩本,"缘起性空"同样是其核心思想,但二者又进一步从"对外扫相"和"对内破执"两个角度去讲"空"。《金刚经》的"对外扫相"思想集中体现在"一切有为法,如梦幻泡影,如露亦如电,应作如是观"这个偈句上,对内破执则有"应无所住而生其心"这一点睛之笔。《心经》则是以"色不异空,空不异色;色即是空,空即是色;受想行识亦复如是"来对外破五蕴身,以"心无罣碍"来破心执。两部经典都从扫外相、破心著的角度去说"空"。

有宗在否定外境外法的客观性方面与空宗没有分歧,差别仅在于,有宗虽然主张"外境非有",但又认为"内识非无",倡"三界唯心"、"万法唯识",认为一切外境、外法都是"内识"的变现。在印度佛教中,有宗一直比较盛行,但在中国佛教史上,唯有玄奘、窥基创立的"法相唯识宗"全力弘扬"有宗"的思想,并把《解深密经》等"六经十一论"作为立宗的根据,《佛教十三经》选录了对"唯识宗"影响较大的《解深密经》进行注译。

3

《解深密经》的核心思想在论证一切外境外法与识的关系，认为一切诸法乃识之变现，阿赖耶识是生死轮回的主体，是万物生起的种子。经中还提出了著名的"三性"、"三无性"问题，并深入地论述了一切虚妄分别相与真如实性的关系。

与印度佛教不尽相同，中国佛教的主流或主体不在纯粹的"空宗"或"有宗"，而在大乘佛教基本精神与中国传统文化（特别是儒家心性学说）汇集交融而成的"真常唯心"思想，这种"真常唯心"思想也可称之为"妙有"的思想。首先创立并弘扬这种"妙有"思想的是智者大师创建的天台宗。

天台宗把《法华经》作为立宗的经典依据，故又称"法华宗"。《法华经》的核心思想，是"开权显实，会三归一"，倡声闻乘、缘觉乘、菩萨乘同归一佛乘，主张一切众生悉有佛性。《法华经》是南北朝之后，中国佛教走向以大乘佛教为主流的重要经典依据，也是中国佛教佛性理论确立以一切众生悉有佛性、都能成佛为主流的重要经典依据。而《法华经》的"诸法实相"也成为中国佛教"妙有"思想的重要思想资源和理论依据。

中国佛教注重"妙有"之思想特色的真正确立，当在禅宗。慧能南宗把天台宗肇端的"唯心"倾向推到极致，作为标志，则是《坛经》的问世。《坛经》是中国僧人撰写的著述中唯一被冠以"经"的一部佛教典籍，其核心思想是"即心即佛"、"顿悟成佛"。《坛经》在把佛性归诸心性、把人变成佛的同时，倡导"即世间求解脱"，主张把入世与出世统一起来，而这种思想的经典根据，则是《维摩诘经》。

《维摩诘经》可以说是对中国佛教影响最大的一部佛经，

不论是作为中国佛教代表的禅宗，还是成为现、当代佛教主流的人间佛教，《维摩诘经》中的"心净则佛土净"及"亦入世亦出世"、"在入世中出世"的思想，都是其最为重要的思想资源和经典依据。尤其值得一提的是，贯穿于整部《维摩诘经》的一根主线——"不二法门"，更是整个中国佛教的方法论依据。

《楞伽经》也是一部对禅宗、唯识乃至整个中国佛教有着重大影响的佛经。《楞伽经》思想有两个重要特点，一是融汇了空、有二宗，既注重"二无我"，又讲"八识"、"三自性"；二是把"如来藏"和"阿赖耶识"巧妙地统合起来。因此之故，《楞伽经》既是"法相唯识宗"借以立宗的"六经"之一，又被菩提达摩作为"印心"的依据，并形成一代楞伽师和在禅宗发展史颇具影响的"楞伽禅"。

《楞严经》则是一部对中国佛教之禅、净、律、密、教都有着广泛而深刻影响的大乘经典。该经虽有真、伪之争，但内容十分宏富，思想体系严密，几乎把大乘佛教所有重要理论都囊括其中，故自问世后，就广泛流行。该经以理、行、果为框架，谓一切众生都有"菩提妙明元心"，但因不明自心清净，故流转生死，如能修禅证道，即可成就无上正等正觉。这一思想对中国佛教的各宗各派都产生了极其深刻的影响。

《圆觉经》是一部非常能够体现中国佛教注重"妙有"思想特色的佛经。该经主张一切众生都具足圆觉妙心，本当成佛，无奈为妄念、情欲等所覆盖，才于六道中生死轮回；如能顿悟自心本来清净，此心即佛，无须向外四处寻求。该经所明为大乘圆顿之理，故对华严宗、天台宗、禅宗都有十分重要的影响。

《金光明经》对中国佛教的影响，主要体现在其"三身"、"十地"思想、大乘菩萨行之舍己利他、慈悲济世思想、金光明忏法及忏悔思想、以及天王护国思想。由于经中所说的诵持本经能够带来不可思议的护国利民功德，故长期以来被视为护国之经，在所有大乘佛教流行的地区都受到了广泛重视。

《无量寿经》是根据"十方净土"的思想建立起来的净土类经典，也是净土宗所依据的"三经"之一。经中主要叙述过去世法藏菩萨历劫修行成无量寿佛的经过，及西方极乐世界的种种殊胜。净土信仰自宋之后就成为与禅并驾齐驱的两大佛教思潮之一，到近现代更出现"家家阿弥陀，户户观世音"景象，故《无量寿经》在中国佛教史上的影响至为广泛和深远。

《梵网经》在佛教"三藏"中属"律藏"，是大乘戒律之一，在中国佛教大乘戒律中，《梵网经》的影响最大。经中主要讲述修菩萨的阶位（发趣十心、长养十心、金刚十心和体性十地）和菩萨戒律（十重戒和四十八轻戒），是修习大乘菩萨行所依持的主要戒律。另外，经中把"孝"与"戒"相融通、"孝名为戒"的思想颇富中国特色。

所以把《四十二章经》也收入《佛教十三经》，主要因为该经是我国最早译出的佛教经典，而且是一部含有较多早期佛教思想的佛经。经中主要阐明人生无常等佛教基本教义和讲述修习佛道应远离诸欲、弃恶修善及注重心证等重要义理，且文字平易简明，可视为修习佛教之入门书。

近几十年来，中国佛教作为中国传统文化的重要组成部分，以其特殊的文化、社会价值逐渐为人们所认识，研究佛教者也日渐增多。而要了解和研究佛教,首先得研读佛典。然而,佛教名相繁复,义理艰深,文字又晦涩难懂,即便有相当文史基础和哲学素养者,读来也颇感费力。为了便于佛学爱好者、研究者的阅读和把握经中之思想义理,我们对所选录的十三部佛典进行了如下的诠释、注译工作:一是在每部佛经之首均置一"前言",简要介绍该经之版本源流、内容结构、核心思想及其历史价值;二是在每一品目之前,都撰写了一个"题解",对该品目之内容大要和主题思想进行简明扼要的提炼和揭示;三是采取义译与意译相结合的原则,对所选译的经文进行现代汉语的译述。这样做的目的,是希望它对原典的阅读和义理的把握能有所助益。当然,这种做法按佛门的说法,多少带有"方便设施"的性质,但愿它能成为"渡海之舟筏",而不至于沦为"忘月之手指"。

赖永海

庚寅年春于南京大学

前　言

　　《四十二章经》也称《佛说四十二章经》，是从印度传到中国的第一部佛教圣典。此经在中国佛教经典中具有十分特殊的意义。东汉永平十年（67），汉明帝因夜梦神人（佛陀），即遣派使者张骞、羽林中郎将秦景、博士弟子王遵等十二人到大月支国求法，并迎请迦叶摩腾和竺法兰两位法师，来到了中国的都城洛阳，驻锡在洛阳雍门外新建的白马寺，翻译佛经。此白马寺也就成为了中国第一座寺庙。他们所带来的梵本经典，依历史的记载，有六十万言，而翻译的第一部经典，就是《佛说四十二章经》。除了这部经外，他们还陆续翻译了《法海藏经》、《佛本行经》、《十地断结经》、《佛本生经》、《二百六十戒合异》等五部经，但此五部经都已遗失。到现在，两位尊者翻译的经典，仅仅保存了《佛说四十二章经》流传世间。

　　“四十二章”是因本经分为四十二段而得名，经者，梵语“修多罗”，此云契经。修多罗原意为“线”、“条”、“丝”等，引申其义为“贯穿摄持”。凡佛所说真理皆可曰“经”。经又训为“常”，以所说为常法故。本经以四十二段经文，摄佛说一切因

1

果大义,因此称为《四十二章经》。

本经内容除了经序外,计四十二章,分别为:出家证果、断欲绝求、割爱去贪、善恶并明、转重令轻、忍恶无嗔、恶还本身、尘唾自污、返本会道、喜施获福、施饭转胜、举难劝修、问道宿命、请问善大、请问力明、舍爱得道、明来暗谢、念等本空、假真并观、推我本空、名声丧本、财色招苦、妻子甚狱、色欲障道、欲火烧身、天魔娆佛、无著得道、意马莫纵、正观敌色、欲火远离、心寂欲除、我空怖灭、智明破魔、处中得道、诟净明存、展转获胜、念戒近道、生即有灭、教诲无差、行道在心、直心出欲、达世如幻。这是佛涅槃以后,由他的弟子择其一生所说的精粹警句,汇编而成,好似一本佛的语录,在这一点上,颇与《论语》的性质相类。对于本经与其他佛经的联系,隆莲法师在《中国佛教·中国佛教经籍》中介绍《四十二章经》时提到:各章的内容多见于阿含部经典,例如:第三章见《中阿含经》卷三《思经》、《伽兰经》、《伽弥尼经》,第六章及第七章均见《杂阿含经》卷四十二,第十章见《中阿含经》卷三十九《须达多经》及别译《须达经》、《长者施报经》、第十七章见《杂阿含经》卷三十四,第二十四章见《中阿含经》卷五十五《晡利多经》,第二十六章见《杂阿含经》卷四十三,第二十八章见《长阿含经》卷二以下《游行经》、第三十章见《增一阿含经》卷二十五《五王品》之四、卷二十七《邪聚品》、卷四十九《非常品》之三,第三十二章见《增一阿含经》卷二十五《五王品》之三,第三十三章见《杂阿含经》卷九、《增一阿含经》卷十三及《中阿含经》卷二十九《沙门二十亿经》,第三十九章见《中阿含经》卷二十八《蜜丸喻经》等。但本经文字,比这些经文简略，很像是其摘要。然而此中次序安排是井然有序的，近代太虚大师对全经以三乘共教行果，五乘善恶通义，大乘不共胜行，信教解理修行来判摄。另此经专为出家沙门说法，因此常在经中称说"沙门"。

对于本经的特色，太虚大师总结为四点：一、辞最简驯；二、义最精富；三、胪者古真；四、传最平易。此经于诸经中文辞最为约易；本经也非仅为小乘之法，实际上包括大小乘一切教义无所不摄；本经是佛教传入中国的第一部佛经，后世经论译名多自此出，后世的译家不能逾越；另外此经开端即出经义，最为直截了当，异乎余经。

本经有多种异本，现存主要的有五种：一、《丽藏》本；二、宋真宗注本；三、唐《宝林传》本；四、宋六和塔本；五、明了童补注宋守遂注本。近现代金陵刻经处将《佛遗教经》、《佛说四十二章经》和《佛说八大人觉经》三经合在一起刊行。本经的真伪问题曾引起很大争论，梁启超、胡适之等好多学者曾对该经加以考证、笔战和辩论。张曼涛编《现代佛教学术丛刊》第十一册，搜集了各方面讨论《佛说四十二章经》真伪的文章。值得肯定的是，近代太虚、印顺等高僧都肯定《佛说四十二章经》不是伪造的。

《佛说四十二章经》的注解，明朝有蕅益大师简明扼要的《四十二章经解》；近代有太虚大师深入讲说的《四十二章经讲录》、宣化上人所作的《佛说四十二章经浅释》；另有菲律宾自立法师较为详细的《佛说四十二经讲记》、赖永海先生的《佛典辑要》，都是很有参考价值的注解本。本书在题解部分多依太虚大师的《四十二章经讲录》,并参以蕅益大师的《四十二章经解》,译文、注释部分多参照以上所说各注解;注释部分主要参考和引用了《佛光大辞典》、丁福保《佛学大词典》、《中华佛教百科全书》、《中国百科全书（佛教篇）》等工具类书。

这部《佛说四十二章经》的内容,对我们现实的人生富有启发作用,可以说它是引导我们修身、行持、处世、待人,乃至成佛的解脱之道。

因学问不足,其中定有许多不妥之处,于此多请十方大德、专家、读者指正。

目 录

经 序

　　此经序为《大正藏》第十七册《四十二章经》中序文，说明此经传入中国的缘起和经过。本经的传入使得佛教在中国广泛地流传开来。

　　昔汉孝明皇帝，夜梦见神人，身体有金色，项有日光，飞在殿前，意中欣然，甚悦之。明日问群臣，此为何神也。有通人傅毅曰："臣闻天竺，有得道者，号曰佛。轻举能飞，殆将其神也。"于是上悟。即遣使者张骞、羽林中郎将秦景、博士弟子王遵等十二人。至大月支国，写取佛经四十二章。在第十四石函中，登起立塔寺。于是道法流布，处处修立佛寺，远人伏化愿为臣妾者。不可称数。国内清宁，含识之类，蒙恩受赖，于今不绝也。

译文：

　　昔日东汉孝明皇帝当政的时候，一日，他在夜里梦中梦见有位神人，身体呈金色，头上有如日之光，腾空飞于宫殿之前，汉孝明皇帝心中颇为高兴，很喜欢此神人。第二天起来上殿时问群臣，这是什么神。有位博学的通人叫傅毅，他说："我听说在西方天竺国，有位得道者，号称为佛。轻举能飞，应该是这位神灵。"于是皇帝领悟,即遣派使者张骞、羽林中郎将秦景、博士弟子王遵等十二人到大月支国,写取了佛经四十二章。将此经放在第十四个石函中,并建立起塔寺供奉。于是道法流布,处处修建佛寺,从远处来归伏化愿为臣妾者,不可称数。国内太平清宁,众生含识受到的恩泽到今天仍然不绝。

序 分

　　这一段是本经的序文。一切经典,都可以三分:一、序分,二、正宗分,三、流通分。这是中国东晋时代的道安法师所分判的。每部佛经的三分法,就是这位道安弥天大师所制定的。"千古同遵",从晋朝到现在,没有一位法师讲经不采用道安法师这样的分判。序分是一部经的缘起,等于一般著作的绪论,以人来譬喻,它好像是人的头部。正宗分是整部经的中心思想,经的核心内容,最重要的部分,都是在正宗分发挥,等于人的身体一样。流通分希望把这部经永远流传于后世,就像人之有脚,能够行走天下。

　　另,序分通常又分为"通序"和"别序"两种。所谓通序,就是所有的佛经共有的形式,也称为"证信序"。所谓别序,是每一部经与其他的经典不一样的发起因缘,因此又称为"发起序"。

　　通序,可以证明这一部经是真实的,通序一般具足了信、闻、时、主、处、众这六个条件。这六个条件,称为"六成就",也就是在每部经一开始的"如是我闻,一时佛在某某地方"等,"如是"叫信;闻,就是"我闻";时,指说法的时间(一时);主,就是佛;处,就是处所,讲经的地点;众,是出席法会的听众。这是每一部经都具备的六个条件。

　　本经一开始的这一段经文,就是序分。由于本经是第一部传到中国来的经典，翻译的方式还没有定型，为了适应中国当时读者听众的根机，使他能够容易接受，因此本序分的文体结构形式跟一般经典的形式有所不同。

世尊成道已^①，作是思惟^②：离欲寂静^③，是最为胜；住大禅定^④，降诸魔道^⑤。于鹿野苑中^⑥，转四谛法轮^⑦；度憍陈如等五人^⑧，而证道果^⑨。复有比丘^⑩，所说诸疑，求佛进止。世尊教敕，一一开悟^⑪，合掌敬诺^⑫，而顺尊敕。

注释：

①世尊：如来十号之一。即为世间所尊重者之意，亦指世界中之最尊者。亦直译作"有德"、"有名声"等。这里所称的"世尊"是指释迦牟尼佛。"如来、应供、正遍知、明行足、善逝、世间解、无上士、调御丈夫、天人师、佛世尊"，这是佛的十个通号。在印度，一般用为对尊贵者之敬称，并不限用于佛教；若于佛教，则特为佛陀之尊称。成道："成佛得道"之略称，即完成佛道之意。又作"成佛"、"得佛"、"得道"、"成正觉"。即菩萨完成修行，成就佛果。成是成就的意思。道，指佛道。

②思惟：考虑、思索、入定。思考真实之道理，称为"正思惟"，系"八正道"之一；反之，则称"邪思惟"（不正思惟），乃"八邪"之一。

③离欲：欲是欲望，情欲、食欲、淫欲。所谓"五欲"乃财、色、名、食、睡。离欲是离开欲，离开贪欲淫欲，即把"五欲"打

破，不为它所缠缚，获得自在。寂静：指心凝住一处之平等安静状态。远离本能所起的精神动摇，称为"寂"；断绝一切感觉苦痛之原因而呈现安静之状态，称为"静"。盖由修禅定，可令心止于一处、远离散乱等。也指涅槃之寂灭无相。

④禅定：禅，为梵语"禅那"之略，译曰"思惟修"。新译曰"静虑"。思惟修者思惟所对之境，而研习之义，静虑者心体寂静。能审虑之义。定者，为梵语"三昧"之译，心定止一境而离散动之义。即一心考物为禅，一境静念为定也。"禅"与"定"皆为令心专注于某一对象，而达于不散乱之状态。

⑤魔道：又作"魔罗道"。指恶魔之行为，或恶魔之世界。魔，含有障碍、杀害、邪恶、侵夺的意思。在佛经里面，魔有很多种，但不出内魔和外魔两类，而且更强调内魔的危害性，内魔也就是心魔，指欲望，贪嗔痴慢疑等不正确的观念，导致我们内心产生障碍。

⑥鹿野苑：为释尊成道后初转法轮之地，即今之沙尔那斯，位于今北印度瓦拉那西市以北约六公里处。又译作"仙人鹿野苑"、"鹿野园"、"鹿野"、"鹿苑"、"仙苑"、"仙人园"。关于地名之由来，诸说纷异。谓昔有婆罗奈国王游猎至此，网鹿千头，经鹿王哀求以日送一鹿供王食用，王始放群鹿，故地名"鹿野苑"。《大唐西域记》卷七以鹿王为代有孕之母鹿舍身就死，因而感动梵达多国王，使王释放鹿群，并布施树林，而称之为"施鹿林"。

⑦四谛：谛，是真理、审实不虚之义。四谛，就是佛教中颠扑不破的四种真理，即苦、集、灭、道这四种正确无误之真理。此四者皆真实不虚，故称"四谛"、"四真谛"；又此四者为圣者

所知见，故称"四圣谛"。法轮："佛法"之喻称。以"轮"比喻佛法，其义有摧破、辗转、圆满之义。

⑧度：渡过之意。指从此处渡经生死迷惑之大海，而到达觉悟之彼岸。出家为觉悟之第一步，故称出家为"得度"。憍(jiāo)陈如：佛陀于鹿苑初转法轮时所度五比丘之一，乃佛陀最初之弟子。又称"阿若憍陈如"、"阿若拘邻"、"憍陈那"、"阿若憍怜"、"居邻"、"居伦"。意译为"初知"、"已知"、"了教"、"了本际"、"知本际"。据《增一阿含经·弟子品》载，憍陈如为佛陀声闻弟子之一，宽仁博识，善能劝化，将养圣众，不失威仪，为最早受法味而思惟四谛者。

⑨证：修习正法，如实体验而悟入真理，称为"证"。道果：由菩提之道而证涅槃之果，故称。道，菩提。果，涅槃。

⑩比丘：又作"苾刍"、"备刍"、"比呼"。意为"乞士"、"乞士男"、"除士"、"薰士"、"破烦恼"、"除馑"、"怖魔"。指出家得度，受具足戒之男子。"比丘"之语义有五种，即：（一）乞士（行乞食以清净自活者），（二）破烦恼，（三）出家人，（四）净持戒，（五）怖魔。

⑪开悟：开智悟理也。《法华经·序品》曰："照明佛法，开悟众生。"

⑫合掌：又作"合十"。即合并两掌，集中心思，而恭敬礼拜之意。本为印度自古所行之礼法，佛教沿用之。印度人认为右手为神圣之手，左手为不净之手，故有分别使用两手之习惯；然若两手合而为一，则为人类神圣面与不净面之合一，故借合掌来表现人类最真实之面目。

译文：

佛陀世尊圆满觉悟成道后，作这样的思维：离欲寂静，这是最为殊胜的；住于大禅定中，一切妨道害德的魔事都不能再现于心境中，降伏了诸魔道。佛陀世尊在鹿野苑中转苦、集、灭、道的四谛法轮；度憍陈如等五人而证道果。还有比丘请问了诸多疑问，请佛陀世尊抉择可否。佛陀世尊均予以教敕，使其一一开悟，诸比丘恭敬合掌，不惰不散，顺从佛陀世尊的教授。

第一章　出家证果

这是本经的第一章,说明沙门证阿罗汉果的程式。从这一章开始,直到第四十二章,都是属于正宗分,即是本经所讲的主题。

佛言:"辞亲出家①,识心达本,解无为法②,名曰沙门③。常行二百五十戒④,进止清净⑤,为四真道行⑥,成阿罗汉⑦。阿罗汉者,能飞行变化,旷劫寿命,住动天地。次为阿那含⑧。阿那含者,寿终灵神上十九天,证阿罗汉。次为斯陀含⑨。斯陀含者,一上一还,即得阿罗汉。次为须陀洹⑩。须陀洹者,七死七生,便证阿罗汉。爱欲断者,如四肢断,不复用之。"

注释:

①辞亲:辞,就是辞别。亲,就是父母亲或亲戚朋友,辞亲目的是要出家。辞亲而出家,可以分为两方面:一、辞别亲人,奉父母命出家。佛在世的时候,一个人想要出家,必须经过父母的同意,才可以出家;要是父母反对的话,释迦牟尼佛也不会接受他出家的。二、辞离亲族,以便断除缠累。家庭是一种拖累障碍道业,远离家庭恩爱,才能够修学佛法。出家:定义有广义和狭义两种。狭义,就是出离家庭,到寺庙过生活。广义,出世俗

家，入真谛家；就是出离了世俗之家，出五蕴家，入法身家。

　　②无为：无造作之意。为"有为"之对称。即非由因缘所造作，离生灭变化而绝对常住之法。又作"无为法"。原系涅槃之异名，后世更于涅槃以外立种种无为，于是产生"三无为"、"六无为"、"九无为"等诸说。于小乘各部派中，说一切有部立择灭无为、非择灭无为、虚空无为，合为"三无为"。大众部、一说部、说出世部于"三无为"之外，立空无边处、识无边处、无所有处、非想非非想处等"四无色处"，及缘起支性（十二缘起之理）、圣道支性（八圣道之理）等，总为"九无为"。化地部则以不动、善法真如、不善法真如、无记法真如取代"四无色处"，亦作"九无为"之说。大乘唯识家于"三无为"外，别立不动、想受灭、真如，合为"六无为"；或开立真如为善法、不善法、无记法，而为"八无为"。然无论开立为"六无为"或"八无为"，非谓无为有多种别体，而系断除我、法二执所显之一种法性；复以此一法性从所显之诸缘而称种种之名。准此而言，真如、法性、法界、实相等亦皆为无为法。又以涅槃而言，上记"三无为"中之择灭无为、"六无为"中之真如无为即涅槃；而涅槃乃一切无为法中之最殊胜者。

　　③沙门：又作"沙门那"、"沙闻那"、"娑门"、"桑门"、"丧门"。意译"勤劳"、"功劳"、"劬劳"、"勤恳"、"静志"、"净志"、"息止"、"息心"、"息恶"、"勤息"、"修道"、"贫道"、"乏道"。为"出家者"之总称，通于内、外二道。亦即指剃除须发，止息诸恶，善调身心，勤行诸善，期以行趣涅槃之出家修道者。在印度，不单是佛教的出家人叫沙门，在当时的婆罗门教，以及其

他九十六种外道,只要是宗教师,都称为"沙门"。不过,释迦牟尼佛的弟子,是"释种沙门"。

④二百五十戒:又称"具足戒"。即比丘所必须遵守之戒律,共有二百五十条。各部派所传之不同律藏,各部派戒条之数亦略有出入。然大体皆以二百五十条为基本之数。主要遵守的是"五戒",即不杀生、不偷盗、不邪淫、不妄语、不饮酒。戒,意指行为、习惯、性格、道德、虔敬。

⑤进止:出家人日常生活中的行住坐卧,语默动静,都要合乎威仪,合乎戒律。进,即前进。止,即停止。清净:音译"毗输陀"、"输陀"、"尾戌驮"、"戌驮"。略称"净"。指远离因恶行所致之过失烦恼。一般常用"身"、"语"、"意"三种清净。

⑥四真:即四真谛。道行:又作"道业",意为佛道之修行。

⑦阿罗汉:为"声闻四果"之一,如来十号之一。又作"阿卢汉"、"阿罗诃"、"阿啰呵"、"阿黎呵"、"遏啰曷帝"。略称"罗汉"、"啰呵"。意译"应"、"应供"、"应真"、"杀贼"、"不生"、"无生"、"无学"、"真人"。其中主要的三种意义是应供、杀贼、无生,"应供"意为阿罗汉是真正应该接受人天供养的圣者。"杀贼",贼,指烦恼贼,证到阿罗汉的圣果,已经把所有的烦恼都断尽了。"无生",阿罗汉既然断除了一切的烦恼,也断尽了一切染污的行为,这时候已经了生脱死,不会再来受生了,所以称为"无生"。总之,阿罗汉指断尽三界见、思之惑,证得尽智,而堪受世间大供养之圣者。此果位通于大、小二乘,然一般皆作狭义之解释,专指小乘佛教中所得之最高果位而言。若广义言之,则泛指大、小乘佛教中之最高果位。

⑧阿那含：旧译作"阿那伽弥"、"阿那伽迷"。略称"那含"。意译"不还"、"不来"、"不来相"。乃"声闻四果"中第三果之圣者。是断尽欲界的烦恼的圣人的通称。凡是修到此果位的圣人，未来当生于色界无色界，不再来欲界受生死，所以叫做"不还"。

⑨斯陀含：又作"沙羯利陀伽弥"。意译作"一来"、"一往来"。系"声闻四果"中之第二果位。

⑩须陀洹（huán）：为"声闻四果"中最初之圣果，又称"初果"。即断尽"见惑"之圣者所得之果位。

译文：

佛陀世尊说："辞别亲人出家，识自心源，通达佛的深理，了达一切法的本来真实相，解无为法，这样的行者称为沙门。沙门常行二百五十戒，威仪进止清净，观察四谛而修道行，证阿罗汉果。阿罗汉能飞行变化，具有旷劫寿命，一行一住，皆能感动天地。其次为阿那含果。获阿那含果的行者寿命结束后生于十九天之上，于五净居天中证阿罗汉果。其次为斯陀含果。获斯陀含果的行者，一上欲天，一还人中，即证得阿罗汉果。其次为须陀洹果。获须陀洹果的行者，七次生于人间天上后，便证阿罗汉果。断除爱欲后，便出苦轮，如同四肢断掉一样，不再复用。"

第二章　断欲绝求

前面第一章讲出家与证果，本章及第三章，经中指出出家以后，应该怎样修持。本章明沙门果证虽有差别，而所证之理无差别。

佛言："出家沙门者，断欲去爱①，识自心源，达佛深理，悟无为法。内无所得，外无所求。心不系道②，亦不结业③。无念无作④，非修非证。不历诸位⑤，而自崇最，名之为'道'。"

注释：
①欲：又作"乐欲"。心所名。意谓希求、欲望。希望所做事业之精神作用。说一切有部指从一切心起之作用，为大地法所摄。唯识宗则谓，心捕捉对象系由作意之作用，非由欲之作用，故欲非从一切心起，仅系对愿求对象所起之别境。欲有善、恶、无记等三性，善欲为引起精勤心之根据；恶欲中之希欲他人财物者，称为"贪"，为根本烦恼之一。爱：又作"爱支"。"十二因缘"之一。意为贪恋执着于一切事物。
②道：即至目的地之通路，或指踏行之道（轨路）。据《俱舍论》卷二十五谓，道即通往涅槃（菩提）之路，为求涅槃果之所依。准此，道乃意谓达成佛教终极目的之修行法则。广义而

言,亦指趣向果之通路。例如《大智度论》卷八十四谓,有人天、声闻、缘觉、菩萨等四种道,人、天以"十善"、布施为道,而求世间之福乐;二乘以"三十七道品"为道,而求涅槃;菩萨以"三十七道品"、"六波罗蜜"为道,而求佛果。

③业:音译"羯磨"。最早见于印度的古奥义书,是婆罗门教、耆那教、生活派(邪命外道)等都袭用的术语。佛教中一般解释为造作。人的身、口、意造作善法与不善法,名为身业、口(语)业、意业。业生灭相续,必感苦乐等果,果是业果,结果的因谓之业因。业虽由人的身、口、意所造,但受烦恼的支配。《大智度论》卷九十四称:"烦恼因缘,故起诸业。"这样就构成惑(烦恼)、业、苦(果)之间的因果关系。《大毗婆沙论》卷一百二十三说:业有作用(语业)、行动(身业)、造作(意业)三义。此句是说心已证道,心外无道可系,见道须陀洹果对治烦恼虽然没有除尽,但由烦恼所起招生死业已经不起,到四果阿罗汉始断尽于烦恼诸业,因此称为"不结业"。

④无念:无迁流之念,以真空法性恒常如是故。无作:非由造作成,以真空法性本来如是故。

⑤不历诸位:小乘从凡夫到阿罗汉,大乘从凡夫到佛都要经历一定的位次,但皆以真空法性为真实性,故说"不历诸位"。

译文:

佛陀世尊说:"出家的沙门行者,断欲去爱,认识了自心本源,通达佛陀教授的甚深道理,悟透无为法,于内无所得,于外无所求,心不系于通达解脱的行持之道上,也不结烦恼诸业。

无念无作，法尔如此，非修非证。真空法性不历诸位而自崇最，这称之为‘道’。"

第三章　割爱去贪

本章与前一章明由出家行而证四果,是三乘共教了脱生死之法。此处赞叹头陀胜行,作为证道的要术。

佛言:"剃除须发①,而为沙门。受道法者,去世资财②,乞求取足③。日中一食④,树下一宿⑤,慎勿再矣!使人愚蔽者,爱与欲也。"

注释:

①剃除须发:这是指现沙门相。

②资财:此资财为"五欲"之首。

③乞求取足:即去除名欲。

④日中一食:即去食欲。据《毗罗三昧经》记载:"瓶沙王问佛:何故日中而食?"佛说:"早起诸天食,日中三世佛食,日西畜生食,日暮为鬼神食。"

⑤树下一宿:即去睡欲。

译文:

佛陀世尊说:"剃除须发而成为沙门行者。接受修习佛道之法,摈弃世间的资财,通过乞讨满足所需。一天只是日中一食,晚上在树下一宿,谨慎不要再有过多的欲求啊! 爱和欲是会使人愚蔽的。"

第四章 善恶并明

本章讲"十善行"和"十恶行","十善法"为世间法,亦为出世法之基础。欲行出世间法必先持戒,持戒则修"十善行",由修"十善"而得定则为正定,由得正定而生慧则为正慧,否则或将流为邪定狂慧,故声闻、辟支均由持戒而得清净禅智。大乘闻佛法发大菩提心,也必须先修"十善"而去"十恶",修"十善"则也去贪嗔痴。

佛言:"众生以十事为善①,亦以十事为恶②。何等为十?身三、口四、意三。身三者:杀、盗、淫③。口四者:两舌、恶口、妄言、绮语④。意三者:嫉、恚、痴⑤。如是十事,不顺圣道,名'十恶行'。是恶若止,名'十善行'耳。"

注释:

①十事为善:即十善业,是佛教对世间善行的总称。它是以三种身业(不杀生、不偷盗、不邪淫)、四种语业(不妄语、不恶口、不两舌、不绮语)及三种意业(不贪欲、不嗔恚、不邪见)所组成的。又称"十善道"、"十善业道"、"十善根本业道"或"十白业道"。

②十事为恶:即十恶业,身口意所行之十种恶行为,称为"十

恶"，又作"十不善业道"、"十恶业道"、"十不善根本业道"、"十黑业道"。即：（一）杀生。（二）偷盗。（三）邪淫。（四）妄语。（五）两舌，即说离间语、破语。（六）恶口，即恶语、恶骂。（七）绮语，即杂秽语、非应语、散语、无义语。乃从染心所发者。（八）贪欲，即贪爱、贪取、悭贪。（九）嗔恚。（十）邪见，即愚痴。

③杀：指断绝生命的相续。《大乘义章》卷七说："隔绝相续，目之为杀。"盗：即偷盗，不予而取，称为"偷盗"。新译作"不与取"。乃力取或盗取他人财物之意。淫：指男女非礼之行。

④两舌：即于两者间搬弄是非、挑拨离间，破坏彼此之和合。又作"离间语"、"两舌语"。恶口：即口出粗恶语毁訾他人。据《大乘义章》卷七载，言辞粗鄙，故视为恶；其恶从口而生，故称之为"恶口"。妄言：即妄语，指以不实之言欺诳他人，《杂阿含经》卷三十七云："作不实说，不见言见，见言不见，不闻言闻，闻言不闻，知言不知，不知言知，因自因他，或因财利，知而妄语，而不舍离，是名妄语。"《大智度论》卷十三云："妄语者，不净心欲诳他，覆隐实，出异语，生口业，是名妄语。"此谓为自利等原因而隐蔽真实，以虚言欺诳他人，称为"妄语"。绮语：指一切染心所发，或时机不对之不恰当言词。又作"杂秽语"或"无义语"。《大乘义章》卷七云："邪言不正，其犹绮色，从喻立称，故名绮语。"

⑤嫉：悭鄙贪欲，不耐他荣，名之为"嫉"。恚（huì）：暴戾残忍，怀恨结怒，名之为"恚"。痴：于诸事理盲无所晓，名之为"痴"。

译文:

佛陀世尊说:"众生以十种事为善,同时也以十种事为恶。是哪十种呢? 十种是从身三种、口四种、意三种来说的。身三种是指杀生、偷盗、邪淫。口四种是指两舌、恶口、妄言、绮语。意三种是:嫉、恚、痴。这样的十事,不符合圣道,称为'十恶行'。这十恶行若能制止不行,则称为'十善行'。"

第五章　转重令轻

本章劝人忏悔改过。如有过不改，则过错会越积越多；知过必改，则如病发汗，客邪自除。

佛言："人有众过，而不自悔①，顿息其心。罪来赴身，如水归海，渐成深广。若人有过，自解知非，改恶行善，罪自消灭。如病得汗，渐有痊损耳。"

注释：

①悔：即忏悔，谓悔谢罪过以请求谅解。忏，乃"忍"之义，即请求他人忍罪；悔，为追悔、悔过之义，即追悔过去之罪，而于佛、菩萨、师长、大众面前告白道歉，期达灭罪之目的。据义净所译《根本说一切有部毗奈耶》卷十五之注谓，"忏"与"悔"具有不同之意义。忏，是请求原谅（轻微）；悔，是自申罪状（说罪）之义（严重）。

译文：

佛陀世尊说："人有众多过错，而不自己忏悔过错，顿息其造过错的心。那么罪过赴身就会像水归大海一样，渐渐变得深广。如果人有过错，但能自己了解并觉知为过错，从而改恶行善，那么罪会自己消灭。这就像生病后出汗，身体就会渐渐痊愈一样。"

第六章　忍恶无嗔

本章明善能胜恶，而恶不能破善。诚以慎勿嗔责恶人，以恶乃在彼，而和我无涉。

佛言："恶人闻善，故来挠乱者；汝自禁息，当无嗔责①。彼来恶者，而自恶之。"

注释：

①嗔（chēn）：又作"嗔恚"、"嗔怒"、"恚"、"怒"。音译作"醍鞞沙"。心所（心的作用）之名。为"三毒"之一。系指对有情（生存之物）怨恨之精神作用。于俱舍宗属不定地法之一，于唯识宗属烦恼法之一。据《俱舍论》卷十六、《成唯识论》卷六所载，对违背己情之有情生起憎恚，使身心热恼，不得平安，名为"嗔"。又忿、恨、恼、嫉、害等随烦恼，皆以嗔之部分为体，是为"六根本烦恼"（或十随眠）之一。以其不属推察寻求之性质（见），作用迟钝，故为"五钝使"之一。与贪、痴两者，共称为"三毒"（三不善根）。亦属"五盖"、"十恶"之一。

译文：

佛陀世尊说："恶人听闻行者做善事，就故意来扰乱；你自己应该禁息冷静，应当不生嗔恨和责骂于他。那来作乱的恶者，是自己作恶于自己。"

第七章　恶还本身

本章由第六章出，主要讲守"十善道"，作恶会恶还本身，慎勿为恶。

佛言："有人闻吾守道，行大仁慈，故致骂佛。佛默不对，骂止，问曰：'子以礼从人，其人不纳，礼归子乎？'对曰：'归矣！'佛言：'今子骂我，我今不纳；子自持祸，归子身矣！'犹回应声，影之随形，终无免离。慎勿为恶！"

译文：

佛陀世尊说："有人听闻我守道，修行大仁慈，因此反而骂佛。佛默然不对，等这人骂完后，问他说：'你以礼待人，但他人不纳你所行之礼，礼是否归还于你自己？'这人回答说：'是归于自己啊！'佛说：'那么今天你骂我，我今天不接受；这是你自己持有祸患，祸患就归于你自己身上了！'这就像发出声必有回音，影子必随着形体一样，最终是没有免离祸患的。谨慎啊不要做恶行啊！"

第八章　尘唾自污

本章由上章出，深诫恶人不能伤害贤者，伤害贤者，祸害会自受。

佛言：“恶人害贤者，犹仰天而唾；唾不至天，还从己堕。逆风扬尘，尘不至彼，还坌己身①。贤不可毁，祸必灭己。”

注释：
①坌（bèn）：尘埃。

译文：
佛陀世尊说：“没道德的恶人去伤害有道德的贤人，这犹如仰天吐口水一样；唾液不会到天上去，还是会堕向自己。逆着风去扬尘，尘不会到对面去，还是会落到自己身上。因此，贤人不可以被毁，去伤害贤人，祸必然还会殃及到自己。”

第九章　返本会道

以下明大乘的不共胜行。本章重在明信愿,修学大乘因先有成无上正觉之志,称为"菩提心"。由大悲菩提心,则愿拯救众生,此大乘心境不同二乘之基础,由此基础则成菩萨。守志指念念趋向菩提,不杂名利心。"奉道"指念念体会心源,不再向外寻觅。另,诚劝行人,须闻而思,思而修,不应仅停在口耳之学上。

佛言:"博闻爱道,道必难会。守志奉道,其道甚大。"

译文：
佛陀世尊说:"仅广博听闻而爱道,那么道必然难以领会。如果能坚守念念向菩提之志心,那么其修道的成就会很大。"

第十章　喜施获福

　　这一章说明看到人家发心布施,我们能够生欢喜心,同样可以得到无量的福报与功德。

　　布施有三:一资生施,谓以财济其贫穷。二无畏施,谓于难中拔其忧苦。三者法施,谓以三学令得四益。不仅自己行三种施道,得福很多,即使见他人行施,助令欢喜,获福也无尽。

　　佛言:"睹人施道①,助之欢喜②,得福甚大③。"
　　沙门问曰:"此福尽乎?"
　　佛言:"譬如一炬之火,数千百人,各以炬来分取,熟食除冥④,此炬如故。福亦如之。"

注释:
　　①施道:布施乃"六念"之一(念施),"四摄法"之一(布施摄),"六波罗蜜"及"十波罗蜜"之一(布施波罗蜜、檀波罗蜜)。布施能使人远离贪心,如对佛、僧、贫穷人布施衣、食等物资,必能招感幸福之果报。又向人宣说正法,令得功德利益,称为"法施"。使人离开种种恐怖,称为"无畏施"。财施与法施称为"二种施";若加无畏施,则称"三种施"。以上"三施"系菩萨所必行者。其中法施之功德较财施为大。布施若以远离贪心与期开悟为目的,则称为"清净施";反之则称"不清净

施"。至于法施,劝人生于人天之说教,称为"世间法施";而劝人成佛之教法("三十七菩提分法"及"三解脱门"),称为"出世法施"。此外,关于施、施波罗蜜之区别,据《优婆塞戒经》卷二载,声闻、缘觉、凡夫、外道之施,及菩萨在初二阿僧祇劫所行之施,称为"施";而菩萨于第三阿僧祇劫所行之施,则称为"施波罗蜜"。

②助之欢喜:此为随喜功德。谓见他人行善,随之心生欢喜。《法华经》卷六《随喜功德品》载,听闻经典而随喜,次次累积,功德至大。《大智度论》卷六十一则谓,随喜者之功德,胜于行善者本人。"随喜"一词,亦引申为参与佛教仪式。于天台宗,为五悔(灭罪修行之忏法)之一,亦为五品弟子位之初品。据《法华玄论》卷十载,随喜有二种:(一)通随喜,谓若见、若闻、若觉、若知他人造福,皆随而欢喜。(二)别随喜,依五十功德之说,特指闻《法华经》,随而欢喜。又谓大小二乘之随喜不同,大乘之随喜广通三世十方诸佛及弟子,小乘仅局限于三世佛;大乘随喜法身之功德,小乘仅随喜迹身之功德;大乘之随喜通于漏、无漏,小乘之随喜唯限有漏心。

③福:又作"功德"、"福德"。指能够获得世间、出世间幸福之行为。《阿含经》将善行分为"出世间无漏梵行"(清净行)与"世间有漏福德"二种。福德即指布施等行为,系成为生天之因的在家修行。

④熟食:是譬喻,譬如证果。除冥:就是除去业障、报障、烦恼障这三障的迷惑。

译文：

佛陀世尊说："看见有人行布施之道，助其欢喜，此随喜获福报很大。"

有沙门问道："那么这福报会因此而耗尽吗？"

佛陀世尊说："这就像一把火炬的火一样，数千百人各自拿火炬来分取，用来生火做饭照明除暗，而此火炬还是原来一样。福报也是如此的。"

第十一章　施饭转胜

本章讲布施供养，较量福田胜劣不等，令人知所归向。福田有三：一、悲田，以悲悯众生故；二、恩田，以报恩故；三、敬田，以恭敬有德故。这里讲依敬田。

佛言："饭恶人百，不如饭一善人。饭善人千，不如饭一持五戒者①。饭五戒者万，不如饭一须陀洹②。饭百万须陀洹，不如饭一斯陀含③。饭千万斯陀含，不如饭一阿那含④。饭一亿阿那含，不如饭一阿罗汉。饭十亿阿罗汉⑤，不如饭一辟支佛⑥。饭百亿辟支佛，不如饭一三世诸佛⑦。饭千亿三世诸佛，不如饭一无念无住无修无证之者⑧。"

注释：

①五戒：指五种制戒。（一）为在家男女所受持之五种制戒。即：（一）杀生，（二）偷盗（不与取），（三）邪淫（非梵行），（四）妄语（虚诳语），（五）饮酒。又作"优婆塞五戒"、"优婆塞戒"。"五戒"之中，前四戒属性戒，于有情之境发得；后一戒属遮戒，于非情之境发得。又前三戒防身，第四戒防口，第五戒通防身、口，护前四戒。我国古来以"五戒"配列于仁、义、礼、智、信"五常"，复以"不杀"配"东方"，"不盗"配"北方"，"不

邪淫"配"西方","不饮酒"配"南方","不妄语"配"中央"。

②须陀洹：初果，旧作"入流"、"逆流"。入流、预流，同一之义，谓去凡夫初入圣道之法流也。逆流者，谓入圣位逆生死之暴流也。申言之，即三界见惑断尽之位也。

③斯陀含：二果，译云"一来"。断欲界九地思惑（新曰修惑）中前六品，尚余后三品者也。为其后三品之思惑，尚当于欲界之人间与天界（六欲天），受生一度，故曰"一来"，一来者一度往来之义也。

④阿那含：三果，旧译"不来"，新云"不还"，断尽欲惑后三品之残余，不再还来欲界之位也。尔后受生则必为色界、无色界。

⑤阿罗汉：四果，译作"杀贼"、"应供"、"无生"。上至非想处一切思惑断尽之声闻乘极果也。以其断尽一切见思二惑，故谓之"杀贼"，既得极果应受人天之供养，故曰"应供"，一世之果报尽，故永入涅槃，不再来生三界，故谓之"不生"。

⑥辟支佛：意译作"缘觉"、"独觉"。又作"贝支迦"、"辟支"。为"二乘"之一，亦为"三乘"之一。乃指无师而能自觉自悟之圣者。据《大智度论》卷十八、《大乘义章》卷十七本载，有二义：（一）出生于无佛之世，当时佛法已灭，但因前世修行之因缘（先世因缘），自以智慧得道。（二）自觉不从他闻，观悟"十二因缘"之理而得道。

⑦佛：全称"佛陀"、"佛驮"、"休屠"、"浮陀"、"浮屠"等。意译"觉者"、"知者"、"觉"。觉悟真理者之意。亦即具足自觉、觉他、觉行圆满，如实知见一切法之性相，成就等正觉之大圣

者。乃佛教修行之最高果位。自觉、觉他、觉行圆满三者，凡夫无一具足，声闻、缘觉二乘仅具自觉，菩萨具自觉、觉他，由此更显示佛之尊贵。对佛证悟之内容，诸经论有种种说法。对佛身、佛土等，各宗派亦各有异说，但大乘则总以"至佛果"为其终极目的。

⑧"饭千亿"两句：这里说无念无住无修无证较诸佛胜，指以在众生界应化中称为三世诸佛，而法身真佛即无为真如性；无为真实法性者为诸佛之本，一切诸佛均以无分别智证平等无为法。无为法身，无念无住无修无证，无漏无分别智亦复无生无灭无迁无变，此真身佛自他平等无念无住无修无证。供养无念无住无修无证者，即无分别智亲证真如性究竟成佛；如是供养，始称为"究竟"。

译文：

佛陀世尊说："布施饮食于一百个恶人，不如布施饮食于一位善人。布施饮食于一千位善人，不如布施饮食于一位持五戒的行者。布施饮食于万位持五戒的行者，不如布施供养饮食于一位须陀洹行者。布施供养饮食于百万位须陀洹行者，不如布施供养饮食于一位斯陀含行者。布施供养饮食于千万位斯陀含行者，不如布施供养饮食于一位阿那含行者。布施供养饮食于一亿位阿那含行者，不如布施供养饮食于一位阿罗汉行者。布施供养十亿阿罗汉行者，不如布施供养饮食于一位辟支佛行者。布施供养饮食于百亿位辟支佛行者，不如布施供养饮食于过去、现在、将来三世诸佛中的一位。布施供养饮食于

千亿位三世诸佛,不如布施供养饮食于一位无念无住无修无
证者。"

第十二章　举难劝修

　　本章举出修道的种种因缘难得。常人以难为修之障,不但知因为难而始修,不修则终不能无难,因此举出人有二十难事。以能行难能之行,则一切难行的戒定慧、菩萨道,均可成不难行。重举难而劝诫修行。此中的二十事,后后事难于前前事。

　　佛言:"人有二十难,贫穷布施难①,豪贵学道难,弃命必死难,得睹佛经难,生值佛世难,忍色忍欲难,见好不求难,被辱不嗔难,有势不临难,触事无心难,广学博究难,除灭我慢难②,不轻未学难③,心行平等难,不说是非难,会善知识难,见性学道难④,随化度人难,睹境不动难,善解方便难。"

注释:

　　①布施:音译为"檀那"、"柁那"、"檀"。又称"施"。即以慈悲心而施福利于人之义。盖布施原为佛陀劝导优婆塞等之行法,其本义乃以衣、食等物施于大德及贫穷者;至大乘时代,则为"六波罗蜜"之一,再加上法施、无畏施二者,扩大布施之意义。亦即指施予他人以财物、体力、智慧等,为他人造福成智而求得累积功德,以致解脱之一种修行方法。《大乘义章》卷十二解释"布施"之义:以己财事分散于他,称为"布";惙己惠人,

称为"施"。小乘布施之目的,在破除个人吝啬与贪心,以免除未来世之贫困,大乘则与大慈大悲之教义联结,用于超度众生。

②我慢:谓恃我,令心高举之烦恼。如《俱舍论》卷十九云:"于五取蕴,执我我所,令心高举,名为我慢。"《成唯识论》卷四云:"我慢者,谓倨傲,恃所执我,令心高举,故名我慢。"

③不轻未学难:佛尝言四种不可忽:一者火虽小不可忽,二者龙虽小不可忽,三者王子虽小不可忽,四者沙门虽小不可忽。因此不可轻视未学。

④见性:指彻见自心之佛性。黄檗断际禅师《宛陵录》:"即心是佛。上至诸佛,下至蠢动含灵皆有佛性,同一心体。所以达摩从西天来,唯传一法。直指一切众生本来是佛,不假修行。但如今识取自心,见自本性,更莫别求。"

译文:

佛陀世尊说:"人有二十难,贫穷的人行布施很难,豪贵的人学道很难,放弃珍贵的生命必然去死这样很难,能够看到佛经很难,生在佛出世很难,能够忍住男女之间的色欲很难,见到好事不贪求很难,被侮辱而不生嗔恨很难,有势力但不借助势力压人很难,遇到事情无心应付很难,广泛学习、广博研究很难,除灭我慢很难,不轻视未学佛法的人很难,心行慈悲平等很难,不说是非很难,遇到善知识很难,明心见性学道很难,随缘随份化度人很难,面对诸境界一心不动很难,善解方便教义和方便教化方式很难。"

第十三章　问道宿命

　　以下二章明持戒度。"持"有二义：一、止持,持戒者须止息一切恶事故；二、作持,须力行一切善故。戒者,一切德行之信条,能守此信条,做其所应做,止其所应止,是曰持戒。

　　本章问意重在宿命,而答意重在会道。知宿命者,不一定会至道；而会至道者,决定能知宿命。

　　沙门问佛："以何因缘,得知宿命①,会其至道？"
　　佛言："净心守志②,可会至道。譬如磨镜③,垢去明存④,当得宿命。"

注释：
　　①宿命：过去世之命运。又称"宿住"。即总称过去一生、无量生中之受报差别、善恶苦乐等情状。若能知此情状,称为"宿命通"。凡夫不知宿命,故常骄慢,不畏造恶果报,不精进于万善。
　　②净心：即指由持戒以止息身三、口四的七支业,纯为止恶行善而净心。然世有行善而不止恶者,其善不净,以七支业皆由心出,菩萨行即此心行故。凡人行为有三次序：一、审虑,二、决定,三、发动,故凡行为皆由意出,菩萨行以心为主,故表面虽似犯戒而心仍持戒者,仍可说持戒。反之,心不持戒,虽外面持戒

亦非持戒。故大乘戒以心为主,称为"心地戒",顺此而行可会
至道。守志:指菩萨求无上菩提的志念。

　　③磨:喻持戒。镜:喻本心。

　　④垢:喻烦恼。

译文:

　　有沙门问佛陀世尊:"以什么因缘能够得知宿命,了解真实
法性的道理?"

　　佛陀世尊回答说:"清净其心,坚守菩提心志,这样可以了
知真实法性的道理。这就像磨镜子,污垢除去之后,心地的光
明就出现了,应当得宿命通。"

第十四章　请问善大

　　本章讲明善莫善于真修,大莫大于实证。持定共戒,在戒力未充时,依佛所说勉强力行,尚非真善,进至于得成坚固之定力,即不退转,是即"定共戒",称为"行道守真"。如能常行菩萨道法,而守此禅定戒律相资之戒行,这样称为"最善"。志与道合者,徒有此志,尚未能有大德大智大力,必与无漏圣道相应,才称为"最大",即是"道共戒"。

　　沙门问佛:"何者为善?何者最大?"
　　佛言:"行道守真者善,志与道合者大。"

译文:

　　有沙门问佛陀世尊:"什么样称为善?什么是最伟大的?"
　　佛陀世尊回答说:"奉行佛道,持守真如法性者为善,志向与真如法性之道合者为最伟大。"

第十五章　请问力明

本章明忍辱力大，灭垢得一切智为明。"多力"指能动他法，不为他法所动。佛是有最大力者，因此称为"十力尊"。世间凡夫皆随环境流转，不能自持，有大力者能由自力转一切法，乃至转尘垢世间为清净佛土。最明者，指三明，即三达智。

沙门问佛："何者多力？何者最明？"

佛言："忍辱多力①，不怀恶故，兼加安健。忍者无恶，必为人尊。心垢灭尽，净无瑕秽，是为最明。未有天地，逮于今日；十方所有，无有不见，无有不知，无有不闻，得一切智②，可谓明矣。"

注释：

①忍辱：音译"羼提"、"羼底"、"乞叉底"。意译"安忍"、"忍"。忍耐之意。"六波罗蜜"之一，"十波罗蜜"之一。即令心安稳，堪忍外在之侮辱、恼害等，亦即凡加诸身心之苦恼、苦痛，皆堪忍之。据《瑜伽师地论》卷五十七载，忍辱含不忿怒、不结怨、心不怀恶意等三种行相。佛教持重忍辱，尤以大乘佛教为最，以忍辱为"六波罗蜜"之一，乃菩萨所必须修行之德目。忍有三种：一耐怨害忍，亦名"生忍"。二安受苦忍，亦名"法忍"。三谛察法忍，亦名"第一义忍"。今是约耐怨害而入第一义。

②一切智：指了知内外一切法相之智。音译为"萨婆若"、"萨云然"。系"三智"之一。关于其义，《仁王护国般若波罗蜜多经》卷下："满足无漏界，常净解脱身，寂灭不思议，名为一切智。"《瑜伽师地论》卷三十八"于一切界、一切事、一切品、一切时，智无碍转，名一切智"。即如实了知一切世界、众生界、有为、无为事、因果界趣之差别，及过去、现在、未来三世者，称为"一切智"。又一切智对于一切种智有总、别二相之义，若依总义，则总称"佛智"，义同"一切种智"。如《华严经·大疏》卷十六所载，如来以无尽之智，知无尽法，故称"一切智"。若依别义，则一切智为视平等界、空性之智，此即声闻、缘觉所得之智；一切种智为视差别界、事相之智，乃了知"平等相即差别相"之佛智。如《大智度论》卷二十七："总相是一切智，别相是一切种智；因是一切智，果是一切种智；略说一切智，广说一切种智。一切智者，总破一切法中无明暗；一切种智者，观种种法门，破诸无明。（中略）佛自说一切智是声闻、辟支佛事，道智是诸菩萨事，一切种智是佛事；声闻、辟支佛但有总一切智，无有一切种智。"

译文：

沙门问佛陀世尊："什么是力量大的？什么是最明了的？"

佛陀世尊说："能够忍辱力量就大，这是因为忍辱能使人不怀恶心的缘故，兼加上其还能使人平安健康的缘故。修忍辱的行者没有恶心，必然为人所尊重。心里贪嗔痴等的污垢灭尽，心地净无瑕秽，这是最为明了的。三世十方诸所有，无有不见，无有不知，无有不闻，获得一切智，这可谓明了。"

第十六章　舍爱得道

　　本章明"六度"中的禅定度。在佛法中,大小诸乘均以修禅定为至要,修禅定者,即专注其心于一法中,久之心得统一之用。常人心散乱故不得安静神通,致心失其功用,不能止害兴利。能专心一致,可得禅定。另也说明人之心水本澄,即是至道;但因爱欲所搅,因此不能于一念中炳现十界影像。舍三界爱欲,见思垢尽,则能见道。

　　佛言:"人怀爱欲不见道者,譬如澄水,致手搅之,众人共临,无有睹其影者。人以爱欲交错,心中浊兴,故不见道。汝等沙门,当舍爱欲;爱欲垢尽,道可见矣。"

　　译文:

　　佛陀世尊说:"人因怀有爱欲而不能见道,这就像澄水,用手去搅动,这样众人在水前就没有人可以看到自己的影子了。人常常以爱欲交错生起,心中则变为浑浊,因此就见不到道。你们沙门,应当舍去爱欲,爱欲的污垢除尽后,道就可以见到了。"

第十七章　明来暗谢

本章明根本智，见道所得。深显无明无性，见道后即灭无明，依教法即文字般若，如信戒定观察即为观照般若，得到清净无漏亲证真如，则为实相般若。菩萨得此根本般若，始能起上行下化之后得般若。在未得根本智前为观照般若，信本体智得大用智，得真般若谓之见道。

佛言："夫见道者①，譬如持炬入冥室中，其冥即灭，而明独存。学道见谛②，无明即灭③，而明常存矣。"

注释：

①见道：又作"见谛道"、"见谛"。为修行之阶位。与修道、无学道合称为"三道"。即指以无漏智现观"四谛"，见照其理之修行阶位。见道以前者为凡夫，入见道以后则为圣者。其次，见道后更对具体之事相反复加以修习之位，即是修道，与见道合称"有学道"。相对于此，无学道又作"无学位"、"无学果"、"无学地"，意指既入究极之最高悟境，而达于已无所学之位。依小乘佛教，以修三贤、四善根等之准备修行（七方便）为始者，能生无漏智，而趋入见道。大乘则以初地为入见道，故称"菩萨之初地为见道"，第二地以上为修道，至第十地与佛果方可称"无学道"。密教以始生净菩提心之位，称为"见道"。以

无漏智明白判断道理者，称为"决择"（决断简择），见道为决择之一部分，故称为"决择分"。又悟入涅槃之境界或欲达到涅槃之圣道皆是正性，故特称"见道"为"正性"。又因所有之圣道皆令离烦恼，称为"离生"，见道令离异生（凡夫）之生，故特称"见道"为"离生"；是故见道又称"正性离生"、"正性决定"（决定必趣涅槃之意）。见道所断（又作"见道断"、"见所断"）之烦恼，略称"见惑"；修道所断（又作"修道断"、"修所断"）之烦恼，略称"修惑"。

②谛：审实不虚之义。指真实无误、永远不变之事实，即真理。《增一阿含经》卷十七载，如来所说之理法，真实不虚，称为"谛"。

③无明：为"烦恼"之别称。不如实知见之意；即暗昧事物，不通达真理与不能明白理解事相或道理之精神状态。亦即不达、不解、不了，而以愚痴为其自相。泛指无智、愚昧，特指不解佛教道理之世俗认识。为"十二因缘"之一。又作"无明支"。俱舍宗、唯识宗立无明为心所（心之作用）之一，即称作"痴"。

译文：

佛陀世尊说："见道的行者，就像手持火炬进入暗室中，屋中黑暗立即就消灭了，而只有光明独存。学习佛道见到真谛之时，无明就立刻消灭，而心中光明智慧就常存了。"

第十八章　念等本空

　　本章是说后得智，因在根本智后而获得，因此称为"后得"。根本智是证道智体，后得智是所起智用。这里的法者，是非佛不成就之法。初欢喜地以上的菩萨仅能成就少分，此大乘不共般若所成就之法，只有佛与菩萨能够成就，因此文中说"吾法"。此法无念无行无言无修，然无念而未尝无念，无行而未尝无行，无言而未尝无言，无修而未尝无修，在常人视之，认为是犯矛盾律，这里并不是以任何学理定例方式来说，是超出言诠的不可思议境。也就是言语道断，心行处灭。

　　佛言："吾法念无念念①，行无行行②，言无言言③，修无修修④；会者近尔，迷者远乎！言语道断⑤，非物所拘，差之毫厘，失之须臾。"

　　注释：
　　①无念："无妄念"之意，指意识未存世俗之忆想分别，而符于真如之念。被视为"八正道"中之正念。《禅源诸诠集都序》卷二载，觉诸相空，心自无念，念起即觉，觉之即无，此即修行之妙法，故虽备修万行，唯以无念为宗。《传心法要》亦谓，一念不起，即十八界空，即身便是菩提华果，即心便是灵智。
　　②行无行行：初地菩萨万行齐修，上求佛道下度众生，一心

中万行精进以趋佛果，以菩提心为利济众生而起行故，虽然至果圆满但利人之行无尽。这里凡能所行都称为"行"，行由众缘起故一切本空皆无自性，故曰"行无行"。无行而万行具足，故曰"无行行"。

③言无言言：佛菩萨化导众生以言说为主，名字言说皆为众生思想而立，以破除众生谬妄思想故。然不能以之得佛菩萨无分别智，证清净诸法实相，以诸法实相离言说故。但佛为度生不能无言，故仍有言说，然言说中并无诸法实相，但有名言都无实义，因此说"言无言"。然破众生妄执时，仍有其方便之用，因此说"无言言"。

④修无修修：修指修习，即学习、练习的意思，无论什么事皆可以称为"修"。初地菩萨称为"修习位"，以虽达佛法而未练习成熟。佛果自位已无所修，但还教他人修。此修空无所得，因此说是无得不可思议智。虽无实体可得，然亦非无众缘所起种种修习之事，因此说"无修修"。

⑤言语道断：又作"语言道断"、"言语道过"、"名言道断"。谓言语之道断绝，即"言语思想所不能及"之意。旧译《华严经》卷五云："远离取相真实观，得自在力决定见，言语道断行处灭。"《大智度论》卷五云："言语已息，心行亦灭。"此语常与"心行处灭"一词连用。心行处灭，意指心行之处灭绝，谓远离概念思维之情境。

译文：

佛陀世尊说："我的教法以无念为念，以无行为行，以无言为言，以无修为修；领会明白的人与道很近，迷惑的人则与道很远！超越言语表达，非言语境界，此言语道断，心行处灭，不被物所拘，此中只要相差一毫一厘，很快就失去了与道相应。"

第十九章　假真并观

从本章开始到二十六章说明般若加行，佛开示教化，依教明理，依理起观，般若中之观照般若即由文字般若而修，在此过程中加以猛厉之修行，称为"加行"。本章明无常观与唯心识观，遣虚存实。

佛言："观天地，念非常①；观世界，念非常；观灵觉②，即菩提。如是知识，得道疾矣！"

注释：

①非常：即无常，为"常住"之对称。即谓一切有为法生灭迁流而不常住。一切有为法皆由因缘而生，依生、住、异、灭四相，于刹那间生灭，而为本无今有、今有后无，故总称"无常"。据《大智度论》卷四十三举出两种无常，即：（一）念念无常，指一切有为法之刹那生灭。（二）相续无常，指相续之法坏灭，如人寿命尽时则死灭。《显扬圣教论》卷十四《成无常品》，举出无性无常、失坏无常、转异无常、别离无常、得无常、当有无常等六种；另举出刹那门、相续门、病门、老门、死门、心门、器门、受用门等八种无常。又《大乘阿毗达磨杂集论》卷六则明示十二种无常之相，即非有相、坏灭相、变异相、别离相、现前相、法尔相、刹那相、相续相、病等相、种种心行转相、资产兴衰相、器世成坏相。

另《入楞伽经》卷七《无常品》中载有外道之八种无常。

②观灵觉：即是观心即佛，观现前一念灵觉之性，即离我法二执。也是最细之无常，即尽未来际相续之常，亦即佛法常乐我净之常。其实庵摩罗识亦是生灭相续，不过其生灭尽未来际，均恒湛然相续故是常，此观即是观灵觉即菩提。由粗无常观则对世界无贪爱，由最细观则证佛果，因此说得道很快。

译文：

佛陀世尊说："观察天的寒暑代谢，观察地的陵谷递迁，念无常；观察迁流不住的三世，互对无定的十方世界，念无常；观现前灵觉真如，离我法二执，即是菩提性。像这样用心观察诸器世界之无常和了知真如心识，那么得道就很快了！"

第二十章　推我本空

　　上章讲的是无常观,此章说明的是无我幻化观。也是说明诸法无我之义。观身由"四大"——地水火风——所合成,分开"四大"各自有各自的名,如果执此是我,则我是"四大"合成;如果说"四大"是我,则处处是"四大",也就无处非我,既无处非我则我与非我都不能成立。这是从生空来说诸法无我。本章通过四大观身,而入如幻法门。

　　佛言:"当念身中四大[①],各自有名,都无我者[②];我既都无,其如幻耳[③]。"

　　注释:

　　①四大:为"四大种"之略称。又称"四界"。佛教之元素说,谓物质(色法)系由地、水、火、风等四大要素所构成。即:(一)本质为坚性,而有保持作用者,称为"地大"。(二)本质为湿性,而有摄集作用者,称为"水大"。(三)本质为暖性,而有成熟作用者,称为"火大"。(四)本质为动性,而有生长作用者,称为"风大"。积聚"四大"即可生成物质,故"四大"又称"能造之色"、"能造之大种";被造作之诸色法,则称"四大所造"。又四大种之"大",意即广大,具有下列三义:(一)四大种之体性广大,遍于一切色法,故有"体大"之义。(二)四大种之形相广大,

如大山、大海、大火、大风等,故有"相大"之义。(三)四大种之事用广大,如水、火、风三灾及任持大地之地大等,故有"用大"之义。而四大种之"种",则以此"四大"为一切色法所依之性,具有能生、因等义,如父母为子女所依,然父母亦具有能生之因,故称为"种";而由"四大"所产生(造)之物质(如五根、五境等),与"四大"之关系,如同亲子,而各自独立存在。元素之"四大",因为具有生因、依因、立因、持因、养因,故称"能造之色"。

②无我:又作"非身"、"非我"。我,即永远不变(常)、独立自存。中心之所有主(主)、具有支配能力(宰),为灵魂或本体之实有者。主张所有之存在无有如是之我,而说无我者,称为"诸法无我";观无我者,称为"无我观"。无我系佛教根本教义之一,于"三法印"中,即有"无我印"。通常分为人无我、法无我两种:(一)有情(生者)不外是由五取蕴(即构成凡夫生存的物心两面之五要素)假和合而成,别无真实之生命主体可言,称为"人无我",又称"我空"。(二)一切万法皆依因缘(各种条件)而生(假成立者),其存在本来即无独自、固有之本性(自性)可言,称为"法无我",又称"法空"。

③如幻:也为大品般若经所举十喻之一。幻,幻师以种种技法变现象、马、人物等,使人如实见闻,称为"幻";然此幻相幻事皆空而非实,故以之比喻一切诸法皆空,犹如幻相般之无实。

译文:

佛陀世尊说:"应当念身中的地、水、火、风四大,各自有各自名,但都没有一个我的存在,我既然都没有,那么此身就如幻化一样。"

第二十一章　名声丧本

本章说明"五欲"中的名欲过患,对于好名的人,不仅没有益处,而且深有过患。

佛言:"人随情欲,求于声名^①;声名显著,身已故矣。贪世常名,而不学道,枉功劳形。譬如烧香,虽人闻香,香之尽矣;危身之火,而在其后。"

注释:

①声名:即名欲,指贪求声名之欲。据《大明三藏法数》卷二十四载,名,即世间之声名。因声名能显亲荣己,故令人贪求乐着而不知止,此即为名欲。

译文:

佛陀世尊说:"人随顺情欲,追求于声名;虽然声名显著了,但是身体已经老了,快死了。贪图世间的常名,而不修学佛道,枉费了工夫和劳累了形体。这就如烧香,虽然人都闻到香味,但是香自身也就烧尽了;人追求声名也如此,声名显著了,而危害自身之火,紧随其后。"

第二十二章　财色招苦

本章专门说财色，因财色是人最贪着之物，举刀刃之蜜来比喻其中的厉害关系。本章仅举财色，也意有涵盖其他名、食、睡诸欲。

佛言："财色于人[①]，人之不舍；譬如刀刃有蜜，不足一餐之美。小儿舐之，则有割舌之患。"

注释：
①财色："五欲"中的两种。财欲、色欲、饮食欲、名欲、睡眠欲共称为"五欲"。即（一）财欲，财即世间一切之财宝。谓人以财物为养身之资，故贪求恋着而不舍。（二）色欲，色即世间之青、黄、赤、白及男女等色。谓人以色悦情适意，故贪求恋着，不能出离三界。（三）饮食欲，饮食即世间之肴膳众味。谓人必借饮食以资身活命，故贪求恋着而无厌。（四）名欲，名即世间之声名。谓人由声名而能显亲荣己，故贪求乐着而不知止息。（五）睡眠欲，谓人不知时节，怠惰放纵，乐着睡眠而无厌。

译文：
佛陀世尊说："财色对于人，人人不舍；这譬如刀刃上有蜂蜜，这仅是不能满足一顿饭的美味。如果小儿用舌头舐于此刀刃，则会有割舌的祸患。"

第二十三章　妻子甚狱

以上两章通诃五欲，从本章起以下四章，别诃色欲。要达无我观，必先离色欲始能出家证道果。人心所系主要是家属和家财。本章中妻子包括一切家属，舍宅包括一切财产。妻子来源于色欲，因色欲根深，从而于妻子没有远离的念头。因此说其束缚之固就如同牢狱。

佛言："人系于妻子舍宅①，甚于牢狱。牢狱有散释之期，妻子无远离之念。情爱于色，岂惮驱驰？虽有虎口之患，心存甘伏。投泥自溺②，故曰凡夫；透得此门，出尘罗汉。"

注释：

①妻子舍宅：此可扩充来说，欲界以男女眷属为妻子，种种宫殿为舍宅。色界以味禅为妻子，四禅天为舍宅。无色界以痴定为妻子，四空天为舍宅。二乘以一解脱味为妻子，偏真涅槃为舍宅。权教以游戏神通为妻子，出真涉俗为舍宅。透得空有两门，才能成就中道无生之果。

②投泥自溺：喻为色欲之苦。

译文：

佛陀世尊说："人被妻子、儿女、舍宅系缚住，这比牢狱系缚人还厉害。牢狱还有解散释放的时候，但是对于妻子儿女没有远离的念头。由于情感和爱情的缘故对于色贪恋不舍，怎么会害怕被其所驱驰呢？虽然有落入虎口的祸患，但心甘意愿地投到泥潭里，自己沉溺自己，因此称为凡夫。透得过对妻子、儿女、舍宅的情爱之门，方可称为出尘阿罗汉。"

第二十四章　色欲障道

本章讲色欲是诸欲中为害最大的,在修道上此为众生的重病。

佛言:"爱欲莫甚于色,色之为欲①,其大无外。赖有一矣,若使二同,普天之人,无能为道者矣!"

注释:

①"爱欲"二句:凡爱着于青黄长短等色境,惑动于男女间之色情,均称为"色欲"。此处说的色欲主要指男女之间的淫欲。《圆觉经》载,诸世界一切种性,无论卵生、胎生、湿生、化生,皆因淫欲而延续种族生命。律典中以淫欲虽不恼众生,然能系缚修行者之心,故佛陀制戒禁之。经论中,比喻淫欲如火能烧心,称为"淫欲火";或比喻淫欲伤身如病,称为"淫欲病"。《摩诃止观》卷四下:"如禅门中所说,色害尤深,令人狂醉,生死根本良由此也。"

译文:

佛陀世尊说:"爱欲中没有比对于女色的贪爱还有更深的,女色作为欲望没有别的比其大的。幸亏只有这样的一个色欲,如果有相同厉害的两个,那么普天之下,就没有人能够行道的了!"

第二十五章　欲火烧身

本章讲爱欲的过患,喻为习近爱欲,必有损净法身之患。

佛言:"爱欲之人,犹如执炬,逆风而行,必有烧手之患。"

译文:

佛陀世尊说:"对于纵欲贪爱的人,就像手执火炬,逆风而行走,必然有烧坏自己手的过患。"

第二十六章　天魔娆佛

在释迦应化事迹中，佛将成道时，有第六天天魔来扰佛。此魔主持欲界最胜妙五欲，因佛陀专在出离欲界，魔王嫉妒便献玉女于佛陀，以此来坏佛的道行，佛陀以幻化力示诸玉女身之不净，从而降服此魔。本章所说，不一定是佛陀成道过程中所遇的天魔。说明佛不被魔娆，还能化魔。也宣说了观女身之不净，能除淫意，从而自利利他。

天神献玉女于佛①，欲坏佛意。佛言："革囊众秽②，尔来何为？去！吾不用。"天神愈敬，因问道意。佛为解说，即得须陀洹果③。

注释：

①天神：即魔王波旬，欲界第六天之他化自在天主。其常率眷属向人界作为佛道的障碍。但从大乘之法门来看，则是深位的菩萨，以大方便力现为魔王，教化众生。《楞严经》卷六中说："若不断淫，必落魔道：上品魔王，中品魔民，下品魔女。"而《维摩诘经》的《不思议品》中说："维摩诘语大迦叶：仁者，十方无量阿僧祇世界中作魔王者，多是住不可思议解脱菩萨，以方便力故，教化众生，现作魔王。"

②革囊众秽：此为观身不净。身之不净有五种：（1）子不

净,指父母之赤白二谛种子不净。(2)住处不净,胎内十月住于母之脏中,故不净。(3)自相不净,出生后于不净中起卧。(4)自性不净,自身中之骨髓、毛孔,臭如死狗。(5)究竟不净,命终后手足分散是为不净。

③须陀洹果:即四果中的初果,旧作"入流"、"逆流"。入流、预流,同一之义,指去凡夫初入圣道之法流。逆流者,指入圣位逆生死之暴流。是三界见惑断尽之位。

译文:

天神魔王波旬献美妙的玉女给佛陀,想使佛陀生起淫欲,破坏佛陀修道的意愿。佛陀世尊对此说:"这是皮囊里盛着的众污秽物,你送来有何作为呢? 回去吧! 我不会用的。"天神魔王波旬从而对佛陀世尊愈加恭敬,因此向佛陀世尊请问修学之道。佛陀就为其解说,天神魔王波旬即得须陀洹果。

第二十七章　无著得道

　　本经的"六度"次序与通常有所不同，大乘法中"六度"次序，一种是般若在后，一种是精进在后。本经的安排就是精进在后。在华严会上，文殊菩萨表大乘的般若智，普贤菩萨表大乘精进，而毗卢遮那表大乘圆满果。即大乘之境行果圆满表现。"六度"中般若在后表文殊智，精进在后表普贤行，本经精进在后是为华严义。学佛者由诵经闻法了诸法性相之诸法实相，获得文字般若智；而后由此精进始可得普贤万行。

　　本章初明精进的正体，为披甲精进，喻明学道要远离诸障，正念真如而精进，了达无为，方可得道。

　　佛言："夫为道者，犹木在水①，寻流而行②。不触两岸③，不为人取④，不为鬼神所遮⑤，不为洄流所住⑥，亦不腐败⑦；吾保此木，决定入海⑧。学道之人，不为情欲所惑，不为众邪所娆，精进无为；吾保此人，必得道矣！"

注释：

①木：比喻"五蕴"的身心报体。水：比喻"六度"的法流水。

②寻流而行：喻持此五阴之身循道而行。

③两岸：比喻两重障碍：一是凡夫爱物，二是外道邪见。凡

夫因滞物而不能出离尘欲，虽有有欲脱尘修道的，但因为佛法难闻的缘故，而转生为外道邪见；不触此岸，即触彼岸。这即是"断常二见"，凡夫计断，外道计常。也可喻为"有空二见"，凡夫情爱之见是执有，外道虚无之见是执空。因此依佛法中道而行，而不触此两岸。

④不为人取：比喻不落人天道。

⑤不为鬼神所遮：比喻不落鬼神界。

⑥不为洄流所住：比喻不堕轮回。

⑦亦不腐败：比喻精进不退。

⑧海：比喻大圆觉无上菩提海。

译文：

佛陀世尊说："修道的行者，犹如木头漂在水中，顺着水流而行。不碰触到两岸而被截止，也不被人所取走，不被鬼神所遮，也不被周旋的洄流所住，流动中也不腐败；我保证此木头必定会流入大海。学道的人不被情欲所迷惑，不被众邪知邪见所阻挠，精进无为，我保证此人必定得道！"

第二十八章　意马莫纵

　　本章诫意马难调，色祸宜避。凡夫意通第六意识和第七末那识，都有我法二执，烦恼不断，因此不可信。凡夫与色会能触动情爱之欲，有妨修道。证阿罗汉，离烦恼去我执，能如实知见，方可信自意。

　　佛言："慎勿信汝意^①，汝意不可信；慎勿与色会，色会即祸生。得阿罗汉已，乃可信汝意。"

注释：

　　①意：这里意通第六意识和第七末那识。《唯识论》五曰："薄伽梵，处处经中说心、意、识。三种别义，集起名心，思量名意，了别名识。是三别义。"《俱舍论》四曰："集起故名心，思量故名意，了别故名识。心意识三名，所诠义虽异，而体是一如。"

译文：

　　佛陀世尊说："谨慎不要相信你的意念，你的意念是不可相信的；谨慎不要执着于色相上，执着于色相就会产生祸患。获得阿罗汉果位后，才可以相信你的意念。"

第二十九章　正观敌色

本章说明远女色预防过失，并说生善灭恶的方便。先是以莲花出淤泥不染正念自利，后以如母如姊如妹如子而度脱之，则为慈心利他，这样自利利他，恶念自然息灭。另从精进度来说，此为已成之恶当令息灭，未生之恶当令不生；已生之善助之增上，未生之善助令生长，这是精进的正行。

佛言："慎勿视女色，亦莫共言语。若与语者，正心思念：我为沙门，处于浊世，当如莲华①，不为泥污。想其老者如母，长者如姊，少者如妹，稚者如子。生度脱心，息灭恶念。"

注释：

①莲华：即莲花。印度古来即珍视此花。据印度史诗《摩诃婆罗多》所述，天地开辟之始，毗湿笯之脐中生出莲花，花中有梵天，结跏趺坐，创造万物；又毗湿笯及其配偶神皆以莲花为表征，或以莲花为"多闻天之七宝"之一。佛教亦珍视之，如佛及菩萨大多以莲花为座。据《除盖障菩萨所问经》卷九载，莲花出污泥而不染，妙香广布，令见者喜悦、吉祥，故以莲花比喻菩萨所修之十种善法。即：（一）离诸染污，谓菩萨修行，能以智慧观察诸境，而不生贪爱，虽处五浊生死流中亦无所染，譬如莲花之

出污泥而不染。（二）不与恶俱，菩萨修行灭恶生善，为守护身、口、意三业之清净，而不与丝毫之恶共俱，譬如莲花虽微滴之水而不停留。（三）戒香充满，菩萨修行，坚持诸戒律而无犯，以此戒能灭身口之恶，犹如香能除粪秽之气，譬如莲花妙香广布，退迩皆闻。（四）本体清净，菩萨虽处五浊之中，然因持戒，得使身心清净无染着，譬如莲花虽处污泥中，然其体自然洁净而无染。（五）面相熙怡，菩萨心常禅悦，诸相圆满，使见者心生欢喜，譬如莲花开时，令诸见者心生喜悦。（六）柔软不涩，菩萨修慈善之行，然于诸法亦无所滞碍，故体常清净，柔软细妙而不粗涩，譬如莲花体性柔软润泽。（七）见者皆吉，菩萨善行成就，形相庄严美妙，见者皆获吉祥，譬如莲花芬馥美妙，见者及梦见者皆吉祥。（八）开敷具足，菩萨修行功成，智慧福德庄严具足，譬如莲花开敷，花果具足。（九）成熟清净，菩萨妙果圆熟而慧光发现，能使一切见闻者，皆得六根清净，譬如莲花成熟，若眼睹其色，鼻闻其香，则诸根亦得清净。（十）生已有想，菩萨初生时，诸天人皆悦乐护持，以其必能修习善行，证菩提果，譬如莲花初生时，虽未见花，然诸众人皆已生有莲花之想。

译文：

佛陀世尊说："谨慎不要观察女色，也不要与其共说话。若与其说话，应正心思念：我是沙门，处于浊世之中，应当像莲花一样，不被污泥所染。观想老者就像是自己母亲一样，比己年长的就像姐姐一样，比自己年少的就像妹妹一样，幼稚的就像自己女儿一样。心里生起度脱她的心，这样自然就息灭了邪恶的念头。"

第三十章　欲火远离

本章说应远离诸欲，而不被欲火所烧害。

佛言："夫为道者，如被干草①，火来须避②。道人见欲，必当远之。"

注释：
①干草：喻为六情根。
②火：喻为六尘境。

译文：
佛陀世尊说："修学道的人，像披着干草一样，遇火来必须回避。修道之人见欲，也是这样必当远离欲望。"

第三十一章　心寂欲除

本章说明身、口、意三业都是由心所造,应从心上止息,而不可以由身上强制止息。

佛言:"有人患淫不止,欲自断阴。佛谓之曰:'若断其阴,不如断心。心如功曹,功曹若止,从者都息。邪心不止,断阴何益?'"

佛为说偈①:

　　欲生于汝意,意以思想生;

　　二心各寂静,非色亦非行。

佛言:"此偈是迦叶佛说。"

注释:

①偈意为:与我执相应恒审思量的意,是不可信之意,这意也是由思想所产生的。思是五遍行心所中的思心所。想即为思之边际,从而想此是此法而非彼法,彼是彼法而非此法;以由思心所中活动造作,而成为恒审思量我法执之意。所以说欲生于汝意,意以思想生。二心各寂静指思心想心除我法执,不在相中有我法执,亦不由我法二执造一切业。非色亦非行者,指不由想心想像因此称为"非色";不由思心造作因此称为"非行"。即为无色无行的意思。

译文：

佛陀世尊说：“有人患上淫欲的毛病而不能停止，想通过自己断除男根来制止。佛陀世尊对他说：‘如果要断除你自己的男根，不如断你自己的心。心就像掌管人事的功曹官，功曹官如果都停止了作业，那么其随从也就都停息了作业。淫欲的邪心如果不停止，那么断除阴根有什么用呢？”

佛陀为这人说偈为：

　　　　欲生于汝意，意以思想生；

　　　　二心各寂静，非色亦非行。

佛陀世尊说：“此偈是迦叶佛所说的。”

第三十二章　我空怖灭

　　本章讲忧虑恐怖系于爱欲,指众生从无始以来,妄认"四大"为自己的身相,妄认为六尘缘影为自己的心相,执着贪恋而不肯暂舍,于是产生种种忧恼、种种恐怖。如果能断爱欲,忧怖则自除。

　　佛言:"人从爱欲生忧,从忧生怖;若离于爱,何忧何怖?"

　　译文:

　　佛陀世尊说:"人从爱欲生出忧虑,从忧虑生出恐怖;如果能离开爱欲,那有什么可以忧虑,有什么可以恐怖的呢?"

第三十三章　智明破魔

本章说明披甲精进相。学道之人的正觉心，要战胜无明烦恼之心，就像一人与万人战；如果没有坚固的信心，会把持不定，容易被恶意所转，因此举此喻来明之。

佛言:"夫为道者,譬如一人与万人战①。挂铠出门,意或怯弱,或半路而退②,或格斗而死③,或得胜而还④。沙门学道,应当坚持其心,精进勇锐,不畏前境,破灭众魔,而得道果。"

注释:

①"譬如"句:专精学道之心,喻为一人。无始虚妄诸惑习气,喻为万人。

②半路而退:比喻中途转念。

③格斗而死:喻修行人不能奋勉,为烦恼所战胜失其菩提心。

④得胜而还:喻得道果。

译文:

佛陀世尊说:"修学佛道的行者,譬如一人和万人作战。披着铠甲出门,意志或有怯弱的,或有半路而退的,或有格斗而死的，或有得胜而还的。沙门学道，应当坚持其心，精进勇锐，不畏各种境界，破灭内外众魔，从而获得道果。"

第三十四章 处中得道

本章明摄善精进，共有二章。前面所说披甲精进只能除恶，这里专明精进行中的所成善法。说明学道应以调和安适为主，须善调身心，缓急均不可。

沙门夜诵迦叶佛遗教经①，其声悲紧，思悔欲退。佛问之曰："汝昔在家，曾为何业？"对曰："爱弹琴！"佛言："弦缓如何？"对曰："不鸣矣！""弦急如何？"对曰："声绝矣！""急缓得中如何？"对曰："诸音普矣！"佛言："沙门学道亦然，心若调适，道可得矣。于道若暴，暴即身疲；其身若疲，意即生恼；意若生恼，行即退矣；其行既退，罪必加矣。但清净安乐，道不失矣！"

注释：
①迦叶佛：又作"迦叶波佛"、"迦摄波佛"、"迦摄佛"。意译作"饮光佛"。乃释尊以前之佛，为过去七佛中之第六佛，又为现在贤劫千佛中之第三佛。传说为释迦牟尼前世之师，曾预言释迦将来必定成佛。遗教经：佛垂灭时之遗诫。释迦在迦叶佛时为护明菩萨，及迦叶灭度释迦成佛，故迦叶佛遗教经，释迦能传之。另沙门是上午乞食，下午听法，前半夜读诵经典，中夜养息，后夜修禅定，此应为晚上诵经。

佛教十三经
四十二章经

译文：

沙门前半夜诵读迦叶佛的遗教经，其声音悲伤和紧张，见学道艰难，思悔想退却。佛陀世尊问这位沙门说："你往昔在家里，曾经做过什么事情？"沙门回答说："喜爱弹琴！"佛陀世尊再问他说："弦太松的时候怎样？"沙门回答说："琴就不响了！""弦太紧的时候怎样？"沙门回答说："声音太尖锐了，音乐就出不来！""那么松紧适中怎样？"沙门回答说："诸音调就准了，和谐了。音乐也就出来了！"佛陀世尊说："沙门学道也是如此，心如果调适，道也就可以获得了。修道如果太猛，猛则会身疲；如果身疲，意就会生恼；意如果生恼，修行就会退步了；修行既然退步，那么罪过必然会增加。只要心地清净，安乐守道，道就不会丢失的！"

第三十五章　垢净明存

本章也是说摄善精进,喻明垢染不可不除,除去垢染即成清净。

佛言:"如人锻铁,去滓成器^①,器即精好。学道之人,去心垢染,行即清净矣^②!"

注释:

①滓:喻五阴。由凡夫至菩萨都是五阴诸法;众生五阴诸法是垢染的五阴诸法,佛菩萨五阴诸法是清净的五阴诸法。

②"去心"两句:即解行之心能将众生垢染五阴之心,锻炼成为清净五阴之心。

译文:

佛陀世尊说:"像人锻铁,去除渣滓而成器皿,器皿就会精好。学道之人,去除心地的垢染,所行就会清净了!"

第三十六章　展转获胜

本章说明利乐精进，以辗转明修学佛法之难得，予以警人，使不失良缘。

佛言："人离恶道^①，得为人难；既得为人，去女即男难^②。既得为男，六根完具难；六根既具，生中国难^③；既生中国，值佛世难；既值佛世，遇道者难；既得遇道，兴信心难；既兴信心，发菩提心难^④；既发菩提心，无修无证难。"

注释：

①恶道：为"善道"之对称。与"恶趣"同义。道，为通之义。即指生前造作恶业，而于死后趋往之苦恶处所。系对所趋之依身及器世界之总称，主要指地狱。在"六道"之中，一般以地狱、饿鬼、畜生三者称为"三恶道"，阿修罗、人间、天上则称为"三善道"。

②"既得"两句：同样生为人，依业报关系而分为男和女，因男子能做种种事业而女子不能，因此去女即男难。在《法华经》上卷四载，舍利弗不知龙女是大乘根器，宿习圆因而得成佛，以为同报障女流，故说女有五障。然说此五障者，欲令女人知有此障，即当发菩提心，行大乘行，早求解脱。五障指：（一）不

得做梵天王,梵天于因中修持善戒,得获胜报而为天王。若女人身器欲染,则不得做梵天王。(二)不得做帝释,帝释勇猛少欲,修持善戒,报为天主。若女人杂恶多欲,则不得做帝释。(三)不得做魔王,魔王于"因位"十善具足,尊敬三宝,孝奉二亲,报生欲界他化自在天而做魔王。若女人轻慢嫉妒,不顺正行,则不得做魔王。(四)不得做转轮圣王,转轮圣王于因中行十善道,慈愍众生,报做轮王。若女人无有慈愍净行,则不得做转轮圣王。(五)不得做佛,如来行菩萨道,愍念一切,心无染着,乃得成佛。若女人之身口意业受情欲缠缚,则不得做佛。男女相从究竟来说幻化的,如《维摩诘经》之舍利弗与天女幻变。

③中国:这里指中央之国,与野蛮边地相对。中国表有圣贤教法之国,但不必是世出世间法兼具。

④菩提心:求无上菩提之心。详称"阿耨多罗三藐三菩提心"。又称"无上菩提心"、"无上道心"、"无上道意",或略称"道心"、"道意"、"觉意"。此菩提心为一切诸佛之种子,是净法长养之良田,若发起此心,勤行精进,则得速成无上菩提。盖此菩提心乃大乘菩萨最初必发起之大心;生起此心称为"发菩提心",略称"发心"、"发意";最初之发心,则称"初发心"、"新发意",为菩提之根本。《大智度论》卷四十一云:"菩萨初发心、缘无上道,我当作佛,是名菩提心。"此菩提心之内容,即"众生无边誓愿度,烦恼无尽誓愿断,法门无量誓愿知,佛道无上誓愿证"之四弘誓愿,前一为利他之愿心,后三为自利之愿心。要言之,此心即是二利之愿心,其体广大,其德无边。故诸经论广叹其德以劝发行者。旧译《华严经》卷五十九云:"菩提心者,则为

一切诸佛种子,能生一切诸佛法故。菩提心者,则为良田,长养
众生白净法故。菩提心者,则为大地,能持一切诸世间故。菩
提心者,则为净水,洗濯一切烦恼垢故。菩提心者,则为大风,
一切世间无障碍故。菩提心者,则为盛火,能烧一切邪见爱故。
菩提心者,则为净日,普照一切众生类故。菩提心者,则为明月,
诸白净法悉圆满故。"

译文:

佛陀世尊说:"人要离开地狱、饿鬼、畜生诸恶道,得生为
人很难;既得为人身,脱去女身而能成为男身很难;既得男身,
眼耳鼻舌身意六根完备很难;六根既然完备,出生于具有圣贤
教化的中央之国很难;既生于中央之国,遇到佛法住世很难;
既遇到佛法住世,但遇通达佛道的善知识很难;既遇通达佛
道的善知识,生起信心很难;既生起信心,发起菩提心很难;
既发菩提心,获得无修无证的道果很难。"

第三十七章　念戒近道

本章讲持戒，能持戒者自身即是佛身。戒乘以定慧，乘戒齐进，大乘行始能成就。另明心近则近，心远则远，而不以形迹论远近。

佛言："佛子离吾数千里，忆念吾戒①，必得道果。在吾左右，虽常见吾，不顺吾戒，终不得道。"

注释：

①戒：音译"尸罗"。意指行为、习惯、性格、道德、虔敬。为"三学"之一，"六波罗蜜"之一，"十波罗蜜"之一。广义而言，凡善恶习惯皆可称之为"戒"，如好习惯称"善戒"（又作"善律仪"），坏习惯称"恶戒"（又作"恶律仪"），然一般限指净戒（具有清净意义之戒）、善戒，特指为出家及在家信徒制定之戒规，有防非止恶之功用。

译文：

佛陀世尊说："佛子虽然离开我数千里，常常忆念我所制定的戒律，必然获得道果。有的人在我左右，虽然常见到我，但不顺从我的戒律，最终不能得道。"

第三十八章　生即有灭

本章讲无常观,说明人命无常,在出息入息之间刹那刹那生灭。此中佛陀三问沙门,三答"无常"。最初答"数日间"虽然已听闻无常法,但是太粗未能明了;次答"饭食间"已观察微细,进了一步;最后答"呼吸间"最切佛意。于此人命无常时时观照可契于道。

> 佛问沙门:"人命在几间①?"
> 对曰:"数日间!"
> 佛言:"子未知道!"复问一沙门:"人命在几间?"
> 对曰:"饭食间!"
> 佛言:"子未知道!"复问一沙门:"人命在几间?"
> 对曰:"呼吸间②!"
> 佛言:"善哉,子知道矣!"

注释:

①命:命根,即有情之寿命。俱舍宗、唯识宗以之为心不相应行法之一,亦为"俱舍七十五法"之一,"唯识百法"之一。由过去之业所引生,有情之身心在一期(从受生此世以至死亡)相续之间,维持暖(体温)与识者,其体为寿;换言之,依暖与识而维持一期之间者,即称为"命根"。

②呼吸间：一期色心连持不断,称为"命根",但这是依本识的种子假立而有,非有实法。出息虽存,入息难保,何况刹那刹那的念念生灭,次要沉思谛观而得。

译文：

佛陀世尊问沙门说:"人的生命在多长时间内?"

沙门回答说:"只是数日时间!"

佛陀世尊说:"你还是没有懂得道的奥义!"再问一沙门:"人的生命在多长时间内?"

沙门回答说:"只是一顿饭的时间!"

佛陀世尊说:"你还是没有懂得道的奥义!"再问一沙门:"人的生命在多长时间内?"

沙门回答说:"只是在一呼一吸之间!"

佛陀世尊说:"很好啊!你已经明白道了!"

第三十九章　教诲无差

　　前面以说三乘共教行果，五乘善恶通义，大乘不共胜行，都是别明其行果，以下三章是总明证果之法。即能信此教，能心解此理，能直心行道，可得阿罗汉果乃至佛果。本章说明对于佛陀所开示的教法都应该信顺，佛所说都是所明的一切法的真实相。不应妄分大小权实顿渐而生轻重之心。佛陀言教，不出权实，为实施权，开权显实。如《法华经》所说，三乘道实是一乘道。

　　佛言：“学佛道者，佛所言说，皆应信顺①。譬如食蜜，中边皆甜，吾经亦尔。”

注释：

　　①信顺：指信受所闻之法而随顺之。信，音译“舍罗驮”。心所（心之作用）之名。为“七十五法”之一，亦为“百法”之一。为“不信”之对称。即对一对象，能令其心与心之作用产生清净之精神作用，故“唯信能入”为进入佛道之初步。俱舍宗立为“十大善地法”之一，唯识宗则立为善心所之一。反之，则称为“不信”，为俱舍宗“十大烦恼地法”之一、唯识宗则为“八大随烦恼”之一。《成唯识论》卷六：“云何为信？于实、德、能，深忍、乐、欲，心净为性，对治不信，乐善为业。”

译文：

佛陀世尊说："修学佛道的行者,对于佛陀所有的言说,都应该信顺。这就像吃一盂中的蜜一样,中间和边上都是甜的,我所说的经典也是如此。"

第四十章　行道在心

　　本章明行道在心不在行，修行以心道为主。修行次第上应先明理，以正当理解而起之修行始为正行。这样可以避免身行而心不行。

　　佛言："沙门行道，无如磨牛①，身虽行道，心道不行。心道若行，何用行道？"

注释：
①磨牛：古印度用牛磨谷物之类，以布蒙住牛眼，让其拉磨并绕磨走，牛身虽然行道，但茫然不知其所行处。比喻修行虽然身行，但心迷茫不行。

译文：
　　佛陀世尊说："沙门修行学道不应该像那蒙眼转圈的磨牛一样，身体虽然行道，但心地里没有下功夫行道。心道如果行了，安坐不动已是行道，何必另外再用行道呢？"

第四十一章　直心出欲

本章明修行,此道为出世间道,诚人直心念道,脱离诸苦。

佛言:"夫为道者,如牛负重①。行深泥中②,疲极不敢左右顾视;出离淤泥③,乃可苏息④。沙门当观情欲,甚于淤泥。直心念道,可免苦矣⑤!

注释:
①如牛负重:太虚法师认为此喻义有三重:一、为道者未解脱生死烦恼之前,则所负为烦恼;二、已发菩提心而未能普度众生,则所负是众生;三、如未解圣理,未证圣行,则所负是圣教。
②深泥:喻烦恼生死海。
③出离淤泥:喻已得度,以此时自身智力已足退无明烦恼故。
④苏息:喻安乐。言学佛者能信教明理精进修行,则可得大觉悟证大涅槃。
⑤苦:音译"纳佉"、"诺佉"。指身心之苦恼感受。在现实生活中,对苦的感受,是释尊修行的原始动机。在释尊的根本教法中,苦谛也是"四圣谛"之一。此外,将苦灭除,趋向解脱,也是佛法的基本目标。"苦"有二义:一、三界分段生死苦;二、三乘变易生死苦。以此义,还未证得佛果前总须直道而行,圆觉果

位现前始脱离苦。

译文：

佛陀世尊说："修学道的行者，就像牛负重而行。行于深泥之中，为了出离，疲累之极也不敢左右顾视，出离淤泥后，才可以松一口气。沙门应当观情欲比之于淤泥还要危险。直心念道，可以免除痛苦啊！"

第四十二章　达世知幻

本章总结全经,即以佛智观察法界如梦如幻来总结,破众生法执。这里分为二:一是自初到涂足油,明了以佛智观世间法;二是从视方便门到四时木,明了以佛智观出世间法。

佛言:"吾视王侯之位,如过隙尘①。视金玉之宝,如瓦砾。视纨素之服,如敝帛。视大千界②,如一诃子③。视阿耨池水④,如涂足油。视方便门,如化宝聚。视无上乘,如梦金帛。视佛道,如眼前华。视禅定,如须弥柱⑤。视涅槃⑥,如昼夕寤。视倒正⑦,如六龙舞⑧。视平等,如一真地⑨。视兴化,如四时木。"

注释:

①过隙尘:光线从门缝窗缝中射过,从中可以看到许多灰尘浮动,此为"过隙尘"。

②大千界:为古代印度人之宇宙观。古代印度人以四大洲及日月诸天为一小世界,合一千小世界为小千世界;合一千小千世界为中千世界;合一千中千世界为大千世界。今之俗语乃袭用佛教"大千世界"一词,转用于形容人间之纷纭诸相。小千、中千、大千并提,则称"三千大千世界"。

③诃子:就是芥子,原系芥菜之种子,颜色有白、黄、赤、青、

黑之分,体积微小,故于经典中屡用以比喻极小之物,如谓"芥子容须弥,毛孔收刹海"即为常见于佛典中之譬喻。又因芥子与针锋均为极微小之物,而以"芥子投针锋"比喻极难得之事,如《北本涅槃经》卷二谓,佛出世之难得犹如芥子投针锋。

④阿耨池:"阿耨达池"的简称,"无热"的意思,相传为阎浮提四大河之发源地。又作"阿耨大泉"、"阿那达池"、"阿那婆答多池"、"阿那婆踏池"。略称"阿耨"。意译"清凉池"、"无热恼池"。据《大毗婆沙论》卷十五与《俱舍论》卷十一所载,此池位于大雪山之北,香醉山以南,称为"无热恼池",周围凡八百里,以金、银、琉璃、颇梨等四宝装饰岸边,其池金沙弥漫,清波皎镜,有龙王居之,名为阿耨达,池中能出清泠之水。池东为恒河出口,南为信度河,西为缚刍河,北为徙多河。

⑤须弥:即须弥山,意译作"妙高山"、"好光山"、"好高山"、"善高山"、"善积山"、"妙光山"、"安明由山"。原为印度神话中之山名,佛教之宇宙观沿用之,谓其为耸立于一小世界中央之高山。以此山为中心,周围有八山、八海环绕,而形成一世界(须弥世界)。此山为世界中心之山,不易动摇,以此比喻禅定。

⑥涅槃:意译为"灭"、"灭度"、"寂灭"、"安乐"、"无为"、"不生"、"解脱"、"圆寂"。涅槃原意是火的熄灭或风的吹散状态。佛教产生以前就有这个概念;佛教用以作为修习所要达到的最高理想境界。含义多种:息除烦恼业因,灭掉生死苦果,生死因果都灭,而人得度,故称"灭"或"灭度";众生流转生死,皆由烦恼业因,若息灭了烦恼业因,则生死苦果自息,名为"寂灭"或"解脱";永不再受三界生死轮回,故名"不生";惑无不尽,德

无不圆,故又称"圆寂";达到安乐无为,解脱自在的境界,称为"涅槃"。

⑦倒正:众生以妄心分别计度故有"倒正"。

⑧六龙舞:众生流转生死,是六根,安乐涅槃,也是六根。背觉合尘名为"倒",而实无减;背尘合觉名为"正",而实无增。就如六龙舞,不过是首尾相换而已。

⑨一真地:喻真如平等地,依此真如地后有四时兴化。

译文:

佛陀世尊说:"我看王侯的位子,就像通过缝隙的尘土一样。看金玉珍宝,就像瓦砾一样。看用洁白精致细绢所制成的衣服,就像破烂的普通丝织物一样。看大千世界,就像一个微小的芥子一样。看众江河源头的雪山水,就像涂足的油一样。看方便的法门,就像幻化的诸宝汇聚。看无上乘,就如梦中的金帛一样。看佛道,就像眼前的空花一样。看禅定,不过就如四宝四微合成须弥山的柱子一样。看涅槃,就如白天黑夜都醒着一样。看倒正,就如六龙舞动一样。看平等,就像一真实之地一样。看兴法教化,就如树木随着一年四季生长变化一样。"

延伸阅读书目

1.《大正藏》,第十七册,《四十二章经》。

2.《佛遗教经》、《佛说四十二章经》、《佛说八大人觉经》合定本,金陵刻经处。

3. 蕅益大师:《蕅益大师全集·四十二章经解》,台北:东初出版社,1991年。

4. 太虚大师:《太虚大师全书》精第三册,《四十二章经讲录》,台湾善导寺佛经流通处出版,1980年。

5. 宣化上人:《佛说四十二章经浅释》,北京:宗教文化出版社,2008年。

6. 自立法师:《佛说四十二经讲记》,网络版。

7. 中国佛教协会编:《中国佛教·中国佛教经籍》,北京:东方出版社,1996年。

8. 赖永海:《佛典辑要》,北京:中国人民大学出版社,2007年。

9.《佛光大辞典》,北京:北京图书馆出版社,2004年。

10. 丁福保:《佛学大词典》,北京:文物出版社,2002年。

11.《中国百科全书(佛教篇)》,台南:中华佛教百科文献基金会,1994年。